LA TOUTE PREMIÈRE BIBLE

Écritures originales transcrites par
Marcion de Sinope en 144 après J.-C.

«Mais je vous certifie, frères, que l'Évangile que j'ai prêché n'est pas d'après l'homme.

Car je ne l'ai pas reçu d'un homme, mais par la révélation de Jésus-Christ».

(Galates 1:8-9)

Numéro de contrôle de la bibliothèque du Congrès : 2020901841

ISBN : 979-8-9899932-1-5

Table des matières

**L'ÉVANGÉLISATION OU L'ÉVANGILE DU
SEIGNEUR JÉSUS CHRIST** 1

CHAPITRE UN 1

CHAPITRE DEUX 3

CHAPITRE TROIS 5

CHAPITRE QUATRE 8

CHAPITRE CINQ 12

CHAPITRE SIX 15

CHAPITRE SEPT 19

CHAPITRE HUIT 22

CHAPITRE NEUF 25

CHAPITRE DIX 28

CHAPITRE ONZE 30

CHAPITRE DOUZE 31

CHAPITRE TREIZE 32

CHAPITRE QUATORZE 36

CHAPITRE QUINZE 39

CHAPITRE SEIZE 40

CHAPITRE DIX-SEPT 42

CHAPITRE DIX-HUIT 44

CHAPITRE DIX-NEUF 48

CHAPITRE VINGT 51

L'APOSTOLAT ÉPÎTRES DE PAUL AVEC PROLOGUES ORIGINAUX 54

L'ÉPÎTRE DE PAUL AUX GALATES 54
CHAPITRE UN 54
CHAPITRE DEUX 56
CHAPITRE TROIS 58
CHAPITRE QUATRE 59
CHAPITRE CINQ 61
CHAPITRE SIX 64

L'ÉPÎTRE DE PAUL AUX ROMAINS 66
CHAPITRE UN 66
CHAPITRE DEUX 68
CHAPITRE TROIS 69
CHAPITRE QUATRE 70
CHAPITRE CINQ 72
CHAPITRE SIX 75
CHAPITRE SEPT 78
CHAPITRE HUIT 82
CHAPITRE NEUF 82
CHAPITRE DIX 83
CHAPITRE ONZE 85
CHAPITRE DOUZE 87

LA PREMIÈRE ÉPÎTRE DE PAUL AUX CORINTHIENS ... 90
CHAPITRE UN 90
CHAPITRE DEUX 93
CHAPITRE TROIS 95
CHAPITRE QUATRE 97
CHAPITRE CINQ 98
CHAPITRE SIX 98
CHAPITRE SEPT 99
CHAPITRE HUIT 102
CHAPITRE NEUF 103
CHAPITRE DIX 105

CHAPITRE ONZE... 107
CHAPITRE DOUZE.. 109
CHAPITRE TREIZE 111
CHAPITRE QUATORZE 113
CHAPITRE QUINZE 116

**LA DEUXIÈME ÉPÎTRE DE PAUL
AUX CORINTHIENS.. 121**

CHAPITRE UN... 121
CHAPITRE DEUX.. 122
CHAPITRE TROIS 123
CHAPITRE QUATRE.. 124
CHAPITRE CINQ 126
CHAPITRE SIX.. 128
CHAPITRE SEPT... 128

L'ÉPÎTRE DE PAUL À PHILEMON 130

**LA PREMIÈRE ÉPÎTRE DE PAUL AUX
THESSALONICIENS 133**

**LA PREMIÈRE ÉPÎTRE DE PAUL AUX
THESSALONICIENS 134**

CHAPITRE UN... 134
CHAPITRE DEUX.. 135
CHAPITRE TROIS 138
CHAPITRE QUATRE.. 140
CHAPITRE CINQ 142

**LA DEUXIÈME ÉPÎTRE DE PAUL AUX
THESSALONICIENS 145**

CHAPITRE UN... 145
CHAPITRE DEUX.. 147
CHAPITRE TROIS 148

L'ÉPÎTRE DE PAUL AUX LAODICÉENS 150

CHAPITRE UN... 150

CHAPITRE DEUX.. 153

CHAPITRE TROIS 155

CHAPITRE QUATRE.. 157

CHAPITRE CINQ 160

CHAPITRE SIX.. 163

L'ÉPÎTRE DE PAUL AUX COLOSSIENS 167

CHAPITRE UN... 167

CHAPITRE DEUX... 170

CHAPITRE TROIS 173

CHAPITRE QUATRE.. 176

L'ÉPÎTRE DE PAUL AUX PHILIPPIENS........................... 178

CHAPITRE UN... 178

CHAPITRE DEUX... 181

CHAPITRE TROIS 184

CHAPITRE QUATRE.. 187

RÉFÉRENCE ET ÉTUDE GUIDE...................................... 190

S'agit-il du même Dieu ? A vous de juger. 193

ÉVALUER LES DOMMAGES CAUSÉS PAR
L'ANCIEN TESTAMENT 196

PREMIERS COUPS DE FEU TIRÉS PAR
CONSTANTIN, CONCILE DE NICÉE............................... 199

LES RACINES DE LA TOUTE PREMIÈRE BIBLE........... 201

RENAISSANCE DE L'ÉGLISE CHRÉTIENNE
MARCIONITE 205

L'ÉVANGÉLISATION OU L'ÉVANGILE DU SEIGNEUR JÉSUS CHRIST

TEL QUE TRANSCRIT PAR MARCION

CHAPITRE UN

1   La quinzième année de Tibère César, Ponce Pilate étant gouverneur de Judée, Jésus descendit à Capharnaüm, ville de Galilée, et il enseignait dans la synagogue les jours de sabbat ; et les gens étaient étonnés de sa doctrine, car sa parole avait de l'autorité. Il y avait dans la synagogue un homme qui avait l'esprit d'un démon impur, et qui criait d'une voix forte : Laisse-nous ; qu'avons-nous à faire avec toi, Jésus ? Es-tu venu pour nous faire périr ? Je sais qui tu es : le Saint de Dieu. Jésus le reprit, en disant : Tais-toi, et sors de lui. Le diable, l'ayant jeté au milieu de lui, sortit de lui, et ne lui fit aucun mal. Ils étaient tous dans l'étonnement, et ils parlaient entre eux, disant : Quelle parole ! Car c'est avec autorité et puissance qu'il commande aux esprits impurs, et ils sortent. Sa renommée se répandit dans tout le pays d'alentour.

2   Il vint à Nazareth, entra dans la synagogue le jour du sabbat, et s'assit. Il se mit à leur parler, et tous étaient étonnés des paroles qui sortaient de sa bouche. Il leur dit : Vous me direz ce proverbe : Médecin, guéris-toi toi-même ; tout ce que nous avons entendu faire à Capharnaüm, faites-le aussi ici, dans votre pays. Je vous le dis en vérité, il y avait beaucoup de veuves en Israël au temps d'Élie, lorsque le ciel fut fermé pendant trois ans et six mois, et qu'il y eut un grand nombre d'orphelins.

La famine régnait dans tout le pays ; mais Élie ne fut envoyé vers aucun d'eux, si ce n'est à Sarepta, ville de Sidon, vers une femme veuve. Il y avait en Israël beaucoup de lépreux, au temps d'Élisée, le prophète ; mais aucun d'eux ne fut purifié, si ce n'est Naaman le Syrien. Dans la synagogue, ils furent tous remplis de colère ; ils se levèrent, le chassèrent de la ville, et le conduisirent sur le sommet de la colline où leur ville était bâtie, afin de le précipiter en bas. Mais lui, passant au milieu d'eux, s'en alla.

3   Lorsque le soleil fut couché, tous ceux qui avaient des malades atteints de diverses maladies les lui amenèrent ; il imposa les mains à chacun d'eux, et les guérit. Il imposa les mains à chacun d'eux, et les guérit. Des démons sortirent de plusieurs, criant et disant : Tu es le Fils de Dieu. Il les réprimanda et les empêcha de parler. Le jour étant venu, il partit et s'en alla dans un lieu désert. Les gens le cherchaient, venaient à lui et le retenaient, afin qu'il ne s'éloignât pas d'eux. Il leur dit : Il faut que j'annonce le royaume de Dieu à d'autres villes encore ; c'est pourquoi je suis envoyé. Il prêcha dans les synagogues de Galilée.

CHAPITRE DEUX

1   Il se trouva sur le bord du lac de Génésareth, et il vit deux barques qui se tenaient au bord du lac ; mais les pêcheurs en étaient sortis, et ils lavaient leurs filets. Il monta dans l'une des barques, qui était celle de Simon, et le pria de s'éloigner un peu de la terre. Il s'assit, et enseigna les gens de la barque. Lorsqu'il eut cessé de parler, il dit à Simon : Avancez au large, et jetez vos filets pour la pêche. Simon lui répondit : Maître, nous avons peiné toute la nuit, et nous n'avons rien pris ; mais, sur ta parole, je vais jeter le filet. Ce faisant, ils prirent une grande quantité de poissons, et leur filet se rompit. Ils firent signe à leurs compagnons, qui étaient dans l'autre bateau, de venir les aider. Ils vinrent, et remplirent les deux bateaux, de sorte qu'ils commencèrent à couler. Simon Pierre, voyant cela, tomba aux genoux de Jésus, et dit : Retire-toi de moi, car je suis un homme pécheur, Seigneur. Car il était dans l'étonnement, ainsi que tous ceux qui étaient avec lui, à cause de la quantité de poissons qu'ils avaient prise ; il en était de même de Jacques et de Jean, fils de Zébédée, qui étaient associés à Simon. Jésus dit à Simon : Ne crains point ; désormais tu prendras des hommes vivants. Lorsqu'ils eurent mis pied à terre, ils abandonnèrent tout, et le suivirent.

2   Voyant Jésus, il tomba sur sa face et le supplia, en disant : Seigneur, si tu le veux, tu peux me rendre pur. Il étendit la main et le toucha, en disant : Je veux être pur. Aussitôt la lèpre le quitta. Il lui recommanda de n'en rien dire à personne ; mais va te montrer au sacrificateur, et offre pour ta purification, comme Moïse l'a ordonné, afin que cela vous serve de témoignage. Sa renommée se répandit de plus en plus, et de grandes foules s'assemblèrent pour l'entendre et pour être guéries par lui de leurs infirmités. Il se retirait dans le désert, et priait.

3   Un jour, comme il enseignait, il y avait là des pharisiens et des docteurs de la loi, venus de toutes les villes de Galilée, de Judée et de Jérusalem, et la puissance du Seigneur était présente pour les guérir. Ils cherchaient le moyen de le faire entrer et de le mettre devant lui. Ne sachant par quel moyen l'introduire, à cause de la foule, ils montèrent sur le toit, et le firent descendre par les tuiles, avec son lit, au milieu de la foule, devant Jésus. Voyant leur foi, il lui dit : Homme, tes péchés te sont pardonnés. Les scribes et les pharisiens se mirent à discuter, en disant : Qui est celui-ci, qui profère des blasphèmes ? Qui peut pardonner les péchés, si ce n'est Dieu seul ? Jésus, voyant leurs raisonnements, leur répondit : Pourquoi raisonnez-vous dans vos coeurs ? Lequel est le plus facile, de dire : Que tes péchés te soient pardonnés, ou de dire : Lève-toi et marche ? Mais afin que vous sachiez que le Fils de l'homme a sur la terre le pouvoir de pardonner les péchés, il dit au paralytique : Je te le dis, lève-toi, et prends ton bras dans ta main. et va dans ta maison. Aussitôt il se leva devant eux, reprit le lit sur lequel il était couché, et s'en alla dans sa maison, en glorifiant Dieu. Ils étaient tous dans l'étonnement, ils glorifiaient Dieu, et ils étaient remplis de crainte, disant : Nous avons vu aujourd'hui des choses étranges.

4   Après cela, il sortit, et vit un publicain, nommé Lévi, assis à la réception de la coutume ; et il lui dit : Suis-moi. Il quitta tout, se leva et le suivit. Lévi lui donna un grand festin dans sa maison ; et il y avait une grande foule de publicains et d'autres personnes qui s'assirent avec eux. Les scribes et les pharisiens murmuraient contre ses disciples, et disaient : Pourquoi mangez-vous et buvez-vous avec les publicains et les pécheurs ? Jésus, répondant, leur dit : Ce ne sont pas ceux qui sont sains qui ont besoin de médecin, mais ceux qui sont malades. Je ne suis pas venu appeler les justes, mais les pécheurs à la repentance. Ils

lui dirent : Pourquoi les disciples de Jean jeûnent-ils souvent et font-ils des prières, ainsi que les disciples des pharisiens, tandis que vous mangez et buvez ? Il leur répondit : Pouvez-vous faire jeûner les enfants de la chambre nuptiale, pendant que l'époux est avec eux ? Mais les jours viendront où l'époux leur sera enlevé, et alors ils jeûneront en ces jours-là.

5   Il leur dit encore une parabole : Personne ne met un morceau d'un vêtement neuf sur un vieux vêtement ; autrement, le neuf fait une déchirure, et le morceau qui a été pris du neuf ne s'accorde pas avec le vieux. Personne ne met du vin nouveau dans de vieilles outres, sinon le vin nouveau fait éclater les outres, se répand, et les outres périssent. Il faut mettre du vin nouveau dans des outres neuves, et l'un et l'autre se conservent.

CHAPITRE TROIS

1   Le second sabbat après le premier, il parcourut les champs de blé ; ses disciples arrachèrent les épis, et les mangèrent en les frottant dans leurs mains. Quelques pharisiens leur dirent : Pourquoi faites-vous ce qu'il n'est pas permis de faire les jours de sabbat ? Jésus leur répondit : N'avez-vous pas lu ce que fit David, lorsqu'il eut faim, et ceux qui étaient avec lui ; comment il entra dans la maison de Dieu, prit et mangea les pains de proposition, et en donna aussi à ceux qui étaient avec lui, ce qu'il n'est permis de manger qu'aux sacrificateurs seuls ? Et il leur dit : Le Fils de l'homme est Seigneur même du sabbat. Un autre jour de sabbat, il entra dans la synagogue, et il enseignait. Or, il y avait un homme dont la main droite était desséchée. Les scribes et les pharisiens l'observaient, pour savoir s'il ferait une guérison le jour du sabbat, afin de trouver une accusation contre lui. Mais Jésus, connaissant leurs raisonnements, dit à

l'homme qui avait la main sèche : Lève-toi, et présente-toi au milieu. Il se leva, et se tint debout. Jésus leur dit : Je vous demanderai une chose : est-il permis, le jour du sabbat, de faire le bien ou de faire le mal ? De sauver la vie, ou de la détruire ? Jetant un regard circulaire sur eux tous, il dit à l'homme : Étends ta main. Il le fit, et sa main redevint entière comme l'autre. Et ils étaient remplis de folie, et se demandaient l'un à l'autre ce qu'ils pourraient faire à Jésus.

2   En ces jours-là, il se retira sur une montagne pour prier, et il passa toute la nuit à prier Dieu. Le jour venu, il appela auprès de lui ses disciples, et il en choisit douze, auxquels il donna le nom d'apôtres : Simon, qu'il appela Pierre, André, son frère, Jacques et Jean, Philippe et Barthélemy, Matthieu et Thomas, Jacques, fils d'Alphée, Simon, appelé Zélotes, Judas, frère de Jacques, et Judas Iscariote, qui devint traître lui aussi.

3   Il descendit au milieu d'eux, et s'arrêta dans la plaine, avec la troupe de ses disciples, et une grande multitude de gens de toute la Judée et de Jérusalem, et du littoral de Tyr et de Sidon, qui venaient pour l'entendre et pour être guéris de leurs maladies, ainsi que ceux qui étaient tourmentés par des esprits impurs : ils furent guéris. Toute la foule cherchait à le toucher, car il sortait de lui une vertu qui les guérissait tous. Levant les yeux sur ses disciples, il dit : Heureux les pauvres, car le royaume de Dieu est à vous. Heureux, vous qui avez faim maintenant, car vous serez rassasiés. Heureux êtes-vous qui pleurez maintenant, car vous rirez. Heureux serez-vous, lorsque les hommes vous haïront, lorsqu'ils vous sépareront de leurs compagnons, lorsqu'ils vous insulteront et qu'ils rejetteront votre nom comme un mal, à cause du Fils de l'homme. Réjouissez-vous en ce jour-là, et tressaillez d'allégresse ; car voici, votre récompense est grande dans les cieux : leurs pères ont agi de même à l'égard

des prophètes. Mais malheur à vous, riches ! Car vous avez reçu votre consolation. Malheur à vous qui êtes rassasiés ! Car vous aurez faim. Malheur à vous qui riez maintenant ! Car vous serez dans le deuil et vous pleurerez.

Malheur à vous, quand tous les hommes parleront de vous en bien ! C'est ce qu'ont fait leurs pères aux faux prophètes. Mais moi, je vous dis, à vous qui m'entendez : Aimez vos ennemis, faites du bien à ceux qui vous haïssent, bénissez ceux qui vous maudissent, et priez pour ceux qui vous maltraitent. Et à celui qui vous frappe sur une joue, tendez aussi l'autre ; et à celui qui vous enlève votre manteau, ne permettez pas qu'il prenne aussi le vôtre. Donnez à quiconque vous demande ; et que celui qui vous prend vos biens ne les redemande pas. Et comme vous voulez que les hommes vous traitent, traitez-les de même. Car si vous aimez ceux qui vous aiment, qu'avez-vous à remercier ? Car les pécheurs aussi aiment ceux qui les aiment. Et si vous faites du bien à ceux qui vous font du bien, qu'avez-vous à remercier ? Car les pécheurs font de même. Et si vous prêtez à ceux dont vous espérez recevoir, quelle reconnaissance avez-vous ? Car les pécheurs prêtent aussi aux pécheurs, pour en recevoir autant. Mais aimez vos ennemis, faites du bien et prêtez, sans rien espérer de nouveau ; votre récompense sera grande, et vous serez les fils du Très-Haut, car il est bon pour les ingrats et pour les méchants. Soyez donc miséricordieux, comme votre Père est miséricordieux. Ne jugez pas, et vous ne serez pas jugés : Ne condamnez pas, et vous ne serez pas condamnés ; pardonnez, et vous serez pardonnés ; donnez, et il vous sera donné ; une bonne mesure, bien tassée, bien secouée, et qui déborde, les hommes la donneront dans votre sein. Car on vous mesurera de nouveau avec la même mesure que celle dont vous vous servez. Et il leur dit cette parabole : L'aveugle peut-il conduire l'aveugle ? Ne tomberont-ils pas tous deux dans le fossé ? Le disciple n'est pas au-dessus de son maître ; mais quiconque est parfait sera comme son maître. Pourquoi regarder la paille qui est dans l'oeil de ton frère, et ne pas voir la poutre qui est dans le tien ? de son propre oeil ? De même, comment peux-tu dire à ton frère : «Frère, laisse-moi enlever la paille qui est dans ton oeil», alors que tu ne vois pas toi-même la poutre qui est dans ton oeil ? Hypocrite, chasse d'abord la poutre de ton oeil, et alors tu verras clair pour arracher la paille qui est dans l'oeil de ton frère.

4   Car il n'y a pas de bon arbre qui produise des fruits corrompus, ni d'arbre corrompu qui produise de bons fruits. Chaque arbre se reconnaît à son fruit. On ne cueille pas de figues sur les épines, ni de raisins sur les ronces. L'homme bon tire du bon trésor de son coeur ce qui est bon, et l'homme mauvais tire du mauvais trésor de son coeur ce qui est mauvais, car c'est de l'abondance du coeur que parle la bouche. Pourquoi m'appeler Seigneur, Seigneur, et ne pas faire ce que je dis ? Quiconque vient à moi, écoute mes paroles et les met en pratique, je vous montrerai à qui il ressemble : il est semblable à un homme qui bâtit une maison, qui a creusé et approfondi, et qui a posé des fondements sur le roc ; lorsque l'inondation est survenue, le torrent s'est jeté avec violence sur cette maison, et il n'a pas eu la force de l'ébranler, parce qu'elle était fondée sur le roc. Mais celui qui écoute et qui ne fait rien est semblable à un homme qui, sans fondement, a bâti une maison sur la terre ; le torrent a battu cette maison avec violence, et aussitôt elle est tombée, et la ruine de cette maison a été grande.

CHAPITRE QUATRE

1   Lorsqu'il eut achevé tous ses discours aux oreilles du peuple, il entra dans Capharnaüm. Le serviteur d'un centurion

était malade et allait mourir ; il lui était précieux. Ayant entendu parler de Jésus, il lui envoya des anciens des Juifs, pour le prier de venir guérir son serviteur. Arrivés auprès de Jésus, ils le prièrent instamment, en disant : Qu'il soit digne de faire cela, car il aime notre nation, et il nous a bâti une synagogue. Jésus alla avec eux. Comme il n'était pas loin de la maison, le centenier lui envoya des amis, qui lui dirent : Seigneur, ne te tourmente pas ; car je ne suis pas digne que tu entres sous mon toit : C'est pourquoi je ne me suis pas cru digne d'aller vers toi ; mais dis un mot, et mon fils sera guéri. Je dis à l'un : Va, et il va ; à l'autre : Viens, et il vient ; à mon serviteur : Fais ceci, et il le fait. Après avoir entendu ces paroles, Jésus, étonné, se retourna et dit aux gens qui le suivaient : Je vous le dis, même en Israël je n'ai pas trouvé une si grande foi. Les envoyés, étant retournés à la maison, trouvèrent le serviteur malade guéri.

2   Le lendemain, il entra dans une ville appelée Naïn ; beaucoup de ses disciples l'accompagnaient, ainsi qu'une grande foule. Comme il approchait à la porte de la ville, voici, on transportait un mort, fils unique de sa mère, qui était veuve ; et une grande foule de la ville était avec elle. Le Seigneur, l'ayant vue, eut pitié d'elle, et lui dit : Ne pleure pas. Il vint toucher le cercueil, et ceux qui le portaient s'arrêtèrent. Il dit : Jeune homme, je te le dis, lève-toi. Le mort s'assit, et se mit à parler. Il le remit à sa mère. Tous furent saisis de crainte, et ils glorifièrent Dieu, en disant : Un grand prophète s'est levé parmi nous, et Dieu a visité son peuple. Cette rumeur se répandit dans toute la Judée et dans toute la contrée d'alentour.

3   Les disciples de Jean lui racontèrent toutes ces choses. Jean en fut scandalisé. Jean, appelant auprès de lui deux de ses disciples, les envoya vers Jésus, en disant : Es-tu celui qui vient ? Ou bien en cherchons-nous un autre ? Lorsque ces hommes furent

arrivés auprès de lui, ils dirent : Jean-Baptiste nous a envoyés vers toi, pour te dire : Es-tu celui qui doit venir ? Ou en cherchons-nous un autre ? Et à l'heure même, il guérit beaucoup de gens de maladies, de plaies et d'esprits mauvais ; et il rendit la vue à beaucoup d'aveugles. Jésus, prenant la parole, leur dit : Allez, et racontez à Jean ce que vous avez vu et entendu : que les aveugles voient, que les boiteux marchent, que les lépreux sont purifiés, que les sourds entendent, que les morts ressuscitent, et qu'une bonne nouvelle a été annoncée aux pauvres. Et il est béni, s'il n'est pas offensé en moi. Lorsque les messagers de Jean furent partis, Jésus se mit à parler de Jean à la foule. Qu'êtes--vous allé contempler dans le désert ? Un roseau agité par le vent ? Mais qu'êtes-vous sortis pour voir ? Un homme vêtu de vêtements souples des vêtements ? Voici, ceux qui portent des vêtements somptueux et délicats sont dans les cours des rois. Mais qu'êtes-vous allés voir ? Un prophète ? Oui, je vous le dis, et bien plus qu'un prophète. C'est celui dont il est écrit : Voici, j'envoie mon messager devant ta face, qui préparera ton chemin devant toi. Car je vous le dis, parmi ceux qui sont nés de femmes, il n'y a pas de plus grand prophète que Jean-Baptiste ; mais celui qui est le plus petit dans le royaume de Dieu est plus grand que lui. Tout le peuple, après avoir entendu cela, et les publicains, justifièrent Dieu en se faisant baptiser du baptême de Jean. Mais les pharisiens et les docteurs de la loi rejetèrent pour eux-mêmes le conseil de Dieu, et ne se firent pas baptiser par lui. Le Seigneur dit : A quoi comparerai-je les hommes de cette génération ? A quoi ressemblent-ils ? Ils ressemblent à des enfants assis sur la place publique, qui s'interpellent les uns les autres, et qui disent : Nous vous avons joué de la flûte, et vous n'avez pas dansé ; nous avons pleuré, et vous n'avez pas pleuré. Car Jean Baptiste est venu sans manger de pain ni boire de vin, et vous dites : Il a un démon. Le Fils de l'homme est venu manger et boire, et vous dites : Voici un gourmand, un buveur de vin, un ami des publicains et des pécheurs ! La sagesse fut justifiée par rapport à tous ses enfants.

4   Un pharisien lui demanda de manger avec lui. Il entra dans la maison du pharisien, et se mit à table. Et voici, une femme de la ville, qui était une pécheresse, ayant appris qu'il était couché dans la maison du pharisien, apporta une boîte d'albâtre pleine de parfum, et se tint à ses pieds derrière lui en pleurant ; elle se mit à lui laver les pieds avec ses larmes, les essuya avec les cheveux de sa tête, baisa ses pieds, et les oignit avec de l'eau. le parfum. Voyant cela, le pharisien qui l'avait invité parla en lui-même, et dit : Cet homme, s'il était prophète, aurait su qui et de quelle espèce est la femme qui l'a touché ; car c'est une pécheresse. Jésus, prenant la parole, lui dit : Simon, j'ai quelque chose à te dire. Il répondit : Maître, parle. Un usurier avait deux débiteurs : l'un devait cinq cents deniers, et l'autre cinquante. L'un devait cinq cents deniers, et l'autre cinquante ; et comme ils n'avaient rien à payer, il leur pardonna à tous deux. Dis-moi donc lequel des deux l'aimera le plus ? Simon répondit : Je suppose que c'est celui à qui il a pardonné le plus. Et il lui dit : Tu as bien jugé. Puis il se tourna vers la femme, et dit à Simon : Vois-tu cette femme ? Je suis entré dans ta maison ; tu n'as pas donné d'eau pour mes pieds ; mais elle a mouillé mes pieds de ses larmes, et les a essuyés avec les cheveux de sa tête. Tu ne m'as pas donné de baiser ; mais, depuis que je suis entré, elle n'a pas cessé de me baiser les pieds. Tu n'as pas oint d'huile ma tête, mais cette femme a oint mes pieds de parfum. C'est pourquoi je vous dis : Ses nombreux péchés sont pardonnés, car elle a beaucoup aimé ; mais celui à qui l'on pardonne peu aime peu. Et il lui dit : Tes péchés sont pardonnés. Ceux qui étaient assis avec lui se mirent à dire en eux-mêmes : Qui est celui-ci, qui pardonne même les péchés ? Et il dit à la femme : Ta foi t'a sauvée ; va en paix.

CHAPITRE CINQ

1   Il parcourait ensuite toutes les villes et tous les villages, prêchant et annonçant comme une bonne nouvelle le royaume de Dieu ; et les douze étaient avec lui. Il y avait aussi une femme qui avait été guérie d'esprits mauvais et d'infirmités, Marie, appelée Madeleine, de laquelle étaient sortis sept démons, Jeanne, femme de Chuza, intendant d'Hérode, Suzanne, et beaucoup d'autres, qui le servaient de leurs biens.

2   Une grande foule s'étant rassemblée, et des gens de toutes les villes étant venus à lui, il dit une parabole. Un semeur sortit pour semer sa semence ; comme il semait, une partie tomba le long du chemin ; elle fut foulée aux pieds, et les oiseaux du ciel la dévorèrent. Une autre partie tomba sur le roc ; elle leva et se dessécha, parce qu'elle manquait d'humidité. Une autre est tombée au milieu des épines ; les épines ont poussé avec elle et l'ont étouffée. Une autre est tombée dans la bonne terre, et, ayant poussé, elle a donné du fruit au centuple. En disant cela, il s'écria : Que celui qui a des oreilles pour entendre entende. Ses disciples l'interrogèrent, disant : Que peut bien être cette parabole ? Il répondit : Il vous a été donné de connaître les mystères du royaume de Dieu, mais aux autres, en paraboles, afin qu'en voyant ils ne voient pas, et qu'en entendant ils ne comprennent pas.

3   Personne, après avoir allumé une lampe, ne la couvre d'un vase ou ne la met sous un lit ; mais il la place sur le chandelier, afin que ceux qui entrent voient la lumière. Car il n'y a rien de secret qui ne doive être manifesté, ni de caché qui ne doive être connu et révélé. Prenez donc garde à ce que vous entendez : car on donnera à celui qui a, et l'on ôtera à celui qui n'a pas ce qu'il paraît avoir.

4   Des gens lui dirent : Ta mère et tes frères sont dehors, et ils désirent te voir. Il leur répondit : Qui sont ma mère et mes frères ? Ma mère et mes frères sont ceux qui écoutent mes paroles et les mettent en pratique.

5   Un jour, Jésus monta sur une barque avec ses disciples, et il leur dit : Passons de l'autre côté du lac. Et ils s'embarquèrent. Comme ils naviguaient, il s'endormit. Une tempête de vent s'abattit sur le lac ; ils se remplissaient d'eau et étaient en péril. Ils s'approchèrent de lui et le réveillèrent, en disant : Maître, maître, nous périssons. Il se leva, réprimanda le vent et l'agitation des eaux, et ils cessèrent. Ils cessèrent, et il y eut un grand calme. Il leur dit : Où est votre foi ? Ils furent saisis de frayeur et d'étonnement, et ils se disaient l'un à l'autre : Qui est donc celui-ci ? Car il commande aux vents et aux eaux, et ils lui obéissent ?

6   Ils descendirent au pays des Gadaréniens, qui est en face de la Galilée. Lorsqu'il eut débarqué, il vint au-devant de lui, à la sortie de la ville, un homme qui avait depuis longtemps des démons, qui ne portait point de manteau, et qui ne demeurait point dans la maison. dans une maison, mais parmi les tombeaux. Voyant Jésus, il poussa un cri, tomba devant lui, et dit d'une voix forte : Qu'ai-je à faire avec toi, Jésus, Fils du Dieu Très-Haut ? Je t'en prie, ne me tourmente pas. Car il avait ordonné à l'esprit impur de sortir de cet homme. On le gardait, on le liait avec des chaînes et des entraves ; il rompit les chaînes, et le diable le conduisit dans les déserts. Jésus l'interrogea, en disant : Quel est ton nom ? Il répondit : Légion, parce que plusieurs démons étaient entrés en lui. Ils le supplièrent de ne pas leur ordonner de sortir dans l'abîme. Il y avait là, sur la montagne, un troupeau de nombreux porcs qui paissaient ; et ils le prièrent de leur permettre d'entrer en eux. Il le leur per-

mit. Les démons sortirent de l'homme et entrèrent dans les porcs ; le troupeau dévala la pente et tomba dans le lac, où il fut étouffé. Ceux qui les nourrissaient, voyant ce qui était arrivé, s'enfuirent, et allèrent le raconter dans la ville et dans les campagnes. Ils sortirent pour voir ce qui s'était passé ; et, s'étant approchés de Jésus, ils trouvèrent l'homme d'où étaient sortis les démons, assis aux pieds de Jésus, vêtu et sain d'esprit ; et ils furent saisis de frayeur. Ceux qui l'avaient vu leur dirent par quel moyen celui qui était possédé des démons avait été sauvé. Toute la multitude du pays des Gadaréniens d'alentour le pria de s'éloigner d'eux, car ils étaient saisis d'une grande crainte ; il monta dans la barque, et s'en retourna. Mais Jésus le renvoya, en disant : Retourne dans ta maison, et raconte les grandes choses que Dieu t'a faites. Et il s'en alla chez lui. et publiait dans toute la ville les merveilles que Jésus lui avait faites.

7   Lorsque Jésus fut de retour, la foule l'accueillit, car tous l'attendaient. Il se jeta aux pieds de Jésus, et le pria d'entrer dans sa maison ; car il avait une fille unique, âgée d'environ douze ans, qui se mourait. Pendant qu'il allait, la foule se pressait autour de lui. Une femme qui avait une perte de sang depuis douze ans, qui avait dépensé toute sa vie à consulter des médecins, et qui ne pouvait être guérie d'aucun d'eux, vint derrière lui, toucha le bord de son vêtement, et aussitôt sa perte de sang cessa. Jésus dit : Qui m'a touché ? Lorsque tous eurent nié, Pierre et ceux qui étaient avec lui dirent : Maître, la foule te presse et te dit : Qui m'a touché ? Jésus dit : Quelqu'un m'a touché ; car j'ai vu qu'une force était sortie de moi. La femme, voyant qu'elle n'était pas cachée, vint toute tremblante, et, se jetant devant lui, elle lui dit en présence de tout le peuple pourquoi elle l'avait touché, et comment elle avait été guérie aussitôt. Il lui dit : Ma fille, console-toi ; ta foi t'a sauvée ; va en paix. Comme il parlait encore, quelqu'un vint de la maison du

chef de la synagogue, et lui dit : Ta fille est morte ; ne trouble pas le maître. Jésus, l'ayant entendu, lui répondit : Ne crains point ; crois seulement, et elle sera sauvée. Étant entré dans la maison, il ne permit à personne d'y entrer, si ce n'est à Pierre, à Jacques et à Jean, ainsi qu'au père et à la mère de la jeune fille. Et tous étaient Ils pleuraient et se lamentaient sur elle. Mais il dit : Ne pleurez pas ; elle n'est pas morte, mais elle dort. Ils se moquèrent de lui, sachant qu'elle était morte. Il les mit tous dehors, la prit par la main, et l'appela en disant : Jeune fille, lève-toi ! Son esprit revint, et elle se leva aussitôt. Il ordonna qu'on lui donnât à manger. Les parents de la jeune fille furent étonnés ; mais il leur recommanda de ne rien dire à personne de ce qui s'était passé.

CHAPITRE SIX

1   Puis il convoqua ses douze disciples, et leur donna le pouvoir et l'autorité sur tous les démons, ainsi que le pouvoir de guérir les maladies. Il les envoya prêcher le royaume de Dieu et guérir les malades. Il leur dit : Ne prenez rien pour le voyage, ni bâtons, ni écus, ni pain, ni argent ; n'ayez pas deux tuniques chacun. Dans quelque maison que vous entriez, restez-y, et partez. Si quelqu'un ne vous reçoit pas, lorsque vous sortirez de cette ville, secouez la poussière de vos pieds, en témoignage contre lui. Ils partirent, et parcoururent les villages avec ordre, annonçant la bonne nouvelle et opérant partout des guérisons.

Hérode le tétrarque apprit tout ce qu'il avait fait, et il fut troublé de ce que les uns disaient que Jean était ressuscité d'entre les morts, les autres qu'Élie était apparu, et les autres qu'un prophète, l'un de ceux qui étaient à l'origine, était ressuscité.

Hérode dit : J'ai décapité Jean ; mais qui est celui-ci, dont j'entends dire de telles choses ? Et il voulut le voir.

2   Les apôtres revinrent, et lui racontèrent tout ce qu'ils avaient fait. Il les prit avec lui, et s'en alla à l'écart dans un lieu désert d'une ville appelée Bethsaïda. Il les reçut, leur parla du royaume de Dieu, et guérit ceux qui avaient besoin d'être guéris. Le jour Les douze s'approchèrent, et lui dirent : Renvoie la foule, afin qu'elle aille dans les villes et les campagnes d'alentour, qu'elle se loge, et qu'elle prenne des vivres ; car nous sommes dans un lieu désert. Il leur dit : Donnez-leur à manger. Ils répondirent : Nous n'avons que cinq pains et deux poissons, à moins que nous n'allions acheter des vivres pour tout ce peuple. Car ils étaient environ cinq mille hommes. Jésus dit à ses disciples : Faites-les asseoir par groupes de cinquante. Ils firent ainsi, et les firent tous s'asseoir. Il prit les cinq pains et les deux poissons, et, levant les yeux au ciel, il les bénit ; puis il les rompit, et les donna aux disciples pour qu'ils les présentent à la foule. Ils mangèrent et furent tous rassasiés ; et l'on emporta ce qui leur restait de fragments, dans douze paniers.

3   Comme il était seul à prier, ses disciples étaient avec lui, et il les interrogea en disant : «Pour le peuple, qui dit que je suis ? Ils répondirent : Jean le Baptiste ; mais quelques-uns dirent Élie ; et d'autres dirent que quelque prophète des premiers temps est ressuscité. Il leur dit : Mais vous, qui dites-vous que je suis ? Pierre répondit : Le Christ de Dieu. Il les réprimanda sévèrement, et leur ordonna de ne rien dire de tel, en disant : Il faut que le Fils de l'homme souffre beaucoup, qu'il soit rejeté par les anciens, les grands prêtres et les scribes, qu'il soit tué, et qu'il ressuscite le troisième jour. Puis il leur dit à tous : Si quelqu'un veut venir après moi, qu'il renonce à lui-même, qu'il se charge chaque jour de sa croix, et qu'il me suive. Car qui-

conque veut sauver sa vie la perdra ; mais quiconque perdra sa vie à cause de moi la sauvera. Car à quoi sert-il à un homme de gagner le monde entier, s'il se perd lui-même ? Car quiconque aura honte de moi et de mes paroles, de Le Fils de l'homme aura honte de lui. Lorsqu'il viendra dans sa propre gloire, dans la gloire de son Père et des saints anges. Mais je vous le dis en vérité, parmi ceux qui sont ici, il en est qui ne goûteront point la mort, jusqu'à ce qu'ils aient vu le royaume de Dieu.

4   Environ huit jours après ces paroles, Jésus prit avec lui Pierre, Jean et Jacques, et il monta sur une montagne pour prier. Pendant qu'il priait, son visage changea d'aspect, et son vêtement devint blanc, comme un éclair. Et voici que se tenaient auprès de lui deux hommes, qui étaient Moïse et Élie, vus dans sa gloire. Pierre et ceux qui étaient avec lui étaient accablés de sommeil ; mais, s'étant bien réveillés, ils virent sa gloire et les deux hommes qui se tenaient avec lui. Comme ils se séparaient de lui, Pierre dit à Jésus : Maître, il est bon que nous soyons ici ; faisons trois tentes, une pour toi, une pour Moïse, et une pour Élias ; il ne savait pas ce qu'il disait. Comme il parlait ainsi, une nuée vint les couvrir, et ils eurent peur en entrant dans la nuée. Une voix sortit de la nuée, disant : Celui-ci est mon Fils bien-aimé ; écoutez-le. Lorsque la voix se fit entendre, Jésus se trouva seul. Ils gardèrent le silence, et ils ne racontèrent à personne, en ces jours-là, rien de ce qu'ils avaient vu.

5   Le lendemain, comme ils descendaient de la montagne, une grande foule vint au-devant de lui. Et voici, un homme de la foule s'écria : Maître, je te prie, jette les yeux sur mon fils, car c'est mon unique enfant. Et voici, un esprit le saisit, et soudain il poussa un cri ; il l'agita avec écume, et, le meurtrissant à peine, il se retira de lui. J'ai prié tes disciples pour le chasser, et

ils ne le purent. Jésus répondit : O génération incrédule et perverse, jusques à quand serai-je avec vous et vous souffrirai-je ? Amenez ici votre fils. Et comme il venait encore, le démon le déchira et l'agita. Jésus réprimanda l'esprit impur, guérit l'enfant et le rendit à son père. Tous étaient stupéfaits de la majesté de Dieu. Comme ils étaient tous étonnés de tout ce que faisait Jésus, il dit à ses disciples : Entendez ces paroles ; car le Fils de l'homme va être livré entre les mains des hommes. Mais ils ne comprirent pas cette parole, et elle leur fut cachée pour qu'ils ne la comprissent pas ; et ils craignaient de l'interroger sur cette parole.

6   Il s'éleva parmi eux une discussion pour savoir lequel d'entre eux serait le plus grand. Jésus, voyant le raisonnement de leur coeur, prit un enfant, le plaça à côté de lui, et leur dit : Quiconque reçoit cet enfant en mon nom, me reçoit ; et quiconque me reçoit, reçoit celui qui m'a envoyé ; car le plus petit d'entre vous tous sera le plus grand. Jean prit la parole et dit : Maître, nous avons vu quelqu'un qui chassait les démons en ton nom ; et nous l'en avons empêché, parce qu'il ne nous suivait pas. Jésus lui dit : Ne l'empêchez pas, car celui qui n'est pas contre vous est pour vous.

7   Lorsque les jours de son enlèvement furent accomplis, il résolut de se rendre à Jérusalem, et il envoya des messagers devant lui. Ceux-ci partirent, et entrèrent dans un village des Samaritains, pour le recevoir. Ils ne le reçurent pas, parce qu'il se dirigeait vers Jérusalem. Ses disciples Jacques et Jean, voyant cela, dirent : Seigneur, veux-tu que nous ordonner que le feu descende du ciel et les consume, comme l'a fait Élie ? Mais il se retourna, les reprit, et dit : Vous ne savez pas de quel esprit vous êtes animés. Car le Fils de l'homme est venu, non pour détruire la vie des hommes, mais pour les sauver. Et ils s'en allèrent dans

un autre village. Comme ils étaient en chemin, un homme lui dit : Seigneur, je te suivrai partout où tu iras. Jésus lui dit : Les renards ont des tanières, et les oiseaux du ciel ont des gîtes ; mais le Fils de l'homme n'a pas d'endroit où il puisse reposer sa tête. Il dit à un autre : Suis-moi. Mais il dit : Seigneur, permets-ts-moi d'aller d'abord ensevelir mon père. Jésus lui dit : Laisse les morts enterrer leurs morts ; mais va prêcher le royaume de Dieu. Un autre dit encore : Seigneur, je te suivrai ; mais permets-ts-moi d'aller d'abord dire adieu à ceux qui sont chez moi. Jésus lui dit : Nul n'est propre au royaume de Dieu s'il met la main à la charrue et regarde en arrière.

CHAPITRE SEPT

1   Après cela, le Seigneur désigna encore d'autres soixante-dix, et il les envoya deux à deux, devant lui, dans toutes les villes et dans tous les lieux où il devait aller lui-même. C'est pourquoi il leur dit : La moisson est grande, mais les ouvriers sont peu nombreux ; priez donc le maître de la moisson d'envoyer des ouvriers dans sa moisson. Allez, je vous envoie comme des agneaux au milieu des loups. Ne portez ni bourse, ni portefeuille, ni souliers, et ne saluez personne en chemin. Dans quelque maison que vous entriez, dites d'abord : Que la paix soit sur cette maison ! Si le fils de la paix s'y trouve, votre paix reposera sur elle ; sinon, elle se retournera vers vous. Demeurez dans la même maison, mangeant et buvant ce qu'on vous donnera ; car l'ouvrier est digne de son salaire. N'allez pas de maison en maison. Dans quelque ville que vous entriez, et où l'on vous recevra, mangez ce qu'on vous présentera ; guérissez les malades, et dites-leur : Le royaume de Dieu s'est approché de vous. Mais dans quelque ville que vous entriez, et où l'on ne vous recevra pas, allez dans ses rues, et dites : Nous essuyons contre vous la

poussière même de votre ville, qui nous a frappés ; mais soyez sûrs que le royaume de Dieu s'est approché de vous. Mais je vous dis qu'en ce jour-là, Sodome sera plus à l'aise que cette ville. Malheur à vous, Chorazin ! Malheur à toi, Bethsaïde ! Car si l'on avait fait à Tyr et à Sidon les choses qui ont été faites chez vous, on aurait se sont repentis depuis longtemps, assis dans le sac et la cendre. Au jugement, Tyr et Sidon seront plus à l'aise que vous. Et toi, Capharnaüm, qui t'es élevée jusqu'au ciel ? Vous serez précipités dans le séjour des morts. Celui qui vous écoute m'écoute ; celui qui vous méprise me méprise, et celui qui me méprise méprise celui qui m'a envoyé. Les soixante-dix revinrent avec joie, disant : Seigneur, les démons mêmes nous sont soumis par ton nom. Il leur dit : J'ai vu Satan comme un éclair tombé du ciel. Voici, je vous donne le pouvoir de marcher sur les serpents et les scorpions, et sur toute la puissance de l'ennemi ; et rien ne pourra vous nuire. Cependant, ne vous réjouissez pas de ce que les esprits vous sont soumis ; mais réjouissez-vous plutôt de ce que vos noms sont inscrits dans les cieux. En ce temps-là, Jésus eut une joie spirituelle, et dit : Je te rends grâces, Seigneur des cieux, de ce que tu as caché ces choses aux sages et aux intelligents, et de ce que tu les as révélées aux enfants ; c'est ainsi, Père, car il t'a plu de faire ainsi. Tout m'a été remis par mon Père, et personne ne connaît qui est le Père, sinon le Fils, et qui est le Fils, sinon le Père, et celui à qui le Fils veut le révéler. Puis il le tourna vers ses disciples, et leur dit en privé : Heureux les yeux qui voient ce que vous voyez ! Car je vous dis que les prophètes n'ont pas vu ce que vous voyez.

2   Et voici, un docteur de la loi se leva, et le tenta, en disant : Maître, par quoi obtiendrai-je la vie ? Il lui répondit : Qu'y a-t-il d'écrit dans la loi ? Comment l'as-tu lue ? Il répondit : Tu

aimeras le Seigneur ton Dieu de tout ton coeur, de toute ton âme, de toute ta force et de toute ta pensée ; et ton prochain, tu l'aimeras de tout ton coeur, de toute ton âme, de toute ta force et de toute ta pensée. comme toi-même. Et il lui dit : Tu as bien répondu ; fais cela, et tu vivras.

3   Mais, voulant se justifier, il dit à Jésus : Et qui est mon prochain ? Jésus répondit : Un homme descendait de Jérusalem à Jéricho ; il tomba entre des voleurs qui le dépouillèrent et le battirent, le laissant à moitié mort. Par hasard, un prêtre descendait par ce chemin ; et, l'ayant vu, il passa de l'autre côté. De même, un lévite, qui se trouvait à cet endroit, vint le voir et passa de l'autre côté. Un Samaritain, qui était en chemin, descendit vers lui ; il le vit, fut ému de compassion, alla vers lui, pansa ses plaies, versa de l'huile et du vin, le fit monter sur sa propre bête, le conduisit à l'hôtellerie, et prit soin de lui. Le lendemain, à son départ, il prit deux deniers, les donna à l'hôte, et lui dit : Prends soin de lui ; tout ce que tu dépenseras de plus, je te le rendrai à mon retour. Lequel de ces trois vous paraît avoir été le prochain de celui qui est tombé au milieu des voleurs ? Il répondit : Celui qui lui a fait miséricorde. Jésus lui dit : Va, et fais de même.

4   Comme ils allaient, Jésus entra dans un village. Une femme, nommée Marthe, le reçut dans sa maison. Elle avait une soeur, appelée Marie, qui était assise aux pieds de Jésus et qui écoutait sa parole. Mais Marthe, occupée à beaucoup servir, s'approcha de lui, et dit : Seigneur, ne t'inquiètes-tu pas de ce que ma soeur m'a laissée seule pour servir ? Dis-lui donc de m'aider. Jésus lui répondit : Marthe, Marthe, tu es inquiète et troublée par beaucoup de choses : Mais il y a et Marie a choisi la bonne part, qui ne lui sera pas enlevée.

CHAPITRE HUIT

1   Comme il était en un certain lieu et qu'il priait le Père, un de ses disciples lui dit : Seigneur, apprends-nous à prier, comme Jean l'a enseigné à ses disciples. Il leur répondit : Lorsque vous priez, dites : Père, que ton Esprit Saint vienne sur nous, que ton nom soit sanctifié. Que ton règne vienne. Que ta volonté soit faite, au ciel comme sur la terre. Donne-nous chaque jour notre pain pour le jour qui vient. Pardonne-nous nos péchés, car nous pardonnons aussi à tous ceux qui nous sont redevables. Et ne nous soumets pas à la tentation. Il leur dit : Lequel de vous, ayant un ami, ira le trouver à minuit, et lui dira : Ami, prête-moi trois pains ; car mon ami revient de voyage, et je n'ai rien à lui donner ? Et lui, de l'intérieur, répondra : Ne me trouble pas ; la porte est fermée, et mes enfants sont couchés avec moi ; je ne puis me lever pour te donner. Je vous le dis, même s'il ne se lève pas pour lui donner, parce qu'il est son ami, il se lèvera, à cause de sa sollicitude, et lui donnera autant qu'il en aura besoin. Et moi, je vous dis : Demandez, et l'on vous donnera ; cherchez, et vous trouverez ; frappez, et l'on vous ouvrira. Car quiconque demande reçoit, celui qui cherche trouve, et l'on ouvre à celui qui frappe. Lequel de vous, père de famille, demande un pain à son fils, et lui donne une pierre ? Ou un poisson, et qu'au lieu d'un poisson il lui donne un serpent ? S'il demande un oeuf, lui donnera-t-il un scorpion ? Si donc, étant méchants, Si vous savez donner de bonnes choses à vos enfants, à combien plus forte raison votre Père céleste donnera-t-il le Saint-Esprit à ceux qui le lui demandent. Il chassait un démon, qui restait muet.

2   Lorsque le démon fut sorti, les muets parlèrent, et la foule fut dans l'étonnement. Mais quelques-uns disaient : C'est par Béelzébul, chef des démons, qu'il chasse les démons. Et

d'autres, le tentant, lui demandaient un signe venant du ciel. Mais lui, connaissant leurs pensées, leur dit : Tout royaume divisé contre lui-même est dévasté, et une maison divisée contre une autre tombe. Et si Satan aussi est divisé contre lui-même, comment son royaume sera-t-il affermi ? Car vous dites que c'est par Béelzébul que je chasse les démons. Et si c'est par Béelzébul que je chasse les démons, par qui vos fils les chassent-ils ? C'est pourquoi ils seront vos juges. Mais si c'est par le doigt de Dieu que je chasse les démons, il n'y a pas de doute que le royaume de Dieu est venu sur vous. Quand un homme fort et bien armé garde son palais, ses biens sont en paix. Mais si un plus fort que lui le surprend et le vainc, il lui enlève toute l'armure dans laquelle il avait confiance, et il partage ses dépouilles. Celui qui n'est pas avec moi est contre moi, et celui qui n'amasse pas avec moi disperse. Lorsque l'esprit impur fut sorti de l'homme, il parcourut des lieux sans eau, cherchant du repos ; et n'en trouvant point, il dit : Je retournerai dans ma maison, d'où je suis sorti. Lorsqu'il arriva, il la trouva balayée et ornée. Alors il s'en va, et prend auprès de lui sept autres esprits plus méchants que lui ; ils y entrent, ils y demeurent, et le dernier état de cet homme est pire que le premier].

3   Comme il parlait ainsi, une femme éleva la voix parmi la foule, et lui dit : Heureux le sein qui t'a enfanté, et les mamelles que tu as sucées ! Il répondit : Heureux plutôt ceux qui écoutent ma parole et qui la gardent !

4   Comme la foule s'amassait, il se mit à dire : C'est une génération méchante ; elle demande un signe, et il ne lui sera point donné de signe.

5   Personne, après avoir allumé une lampe, ne la met dans un lieu secret, ni sous le boisseau, mais sur le chandelier, afin que

ceux qui entrent voient la lumière. La lampe du corps, c'est l'oeil : quand ton oeil est bon, tout ton corps est éclairé ; quand il est mauvais, tout ton corps est plongé dans les ténèbres. Veillez donc à ce que la lumière qui est en vous ne soit pas ténèbres. Si donc votre corps tout entier est rempli de lumière, sans aucune partie obscure, il sera entièrement rempli de lumière, comme lorsque la lampe, par sa lueur, vous éclaire.

6   Comme il parlait, un pharisien le pria de déjeuner avec lui ; il entra, et se coucha. Le pharisien, voyant cela, s'étonna de ce qu'il ne s'était pas lavé avant le déjeuner. Le Seigneur lui dit : Vous, pharisiens, vous nettoyez l'extérieur de la coupe et du plat ; mais votre intérieur est plein d'extorsion et de méchanceté. Insensés, celui qui a fait le dehors n'a-t-il pas fait aussi le dedans ? Donnez en aumône ce qui est en votre pouvoir ; et voici, tout est pur pour vous. Mais malheur à vous, pharisiens, parce que vous donnez la dîme de la menthe, de la rue et de toutes les herbes, et que vous passez sous silence l'appel et l'amour de Dieu : c'est pourtant ce qu'il faut faire, et ne pas laisser l'autre inachevé. Malheur à vous, pharisiens ! Car vous aimez les premiers sièges dans les synagogues, et les salutations dans les marchés. Malheur à vous, scribes et pharisiens hypocrites ! Car vous êtes comme des sépulcres qui ne paraissent pas, et les hommes qui marchent dessus ne le savent pas. L'un des docteurs de la loi, prenant la parole, lui dit : Maître, en disant ces choses, tu nous fais aussi des reproches. Et il dit : Malheur à vous aussi, docteurs ! Car vous chargez les hommes de fardeaux difficiles à porter, et vous ne touchez pas vous-mêmes ces fardeaux d'un seul doigt. Malheur à vous ! Vous bâtissez les sépulcres des prophètes, et vos pères les ont tués. Vous êtes témoins et vous approuvez les oeuvres de vos pères ; ils les ont tués, et vous bâtissez leurs sépulcres. Malheur à vous, juristes !

Car vous avez enlevé la clef de la science ; vous n'êtes pas entrés vous-mêmes, et vous avez empêché ceux qui entraient. Comme il leur disait ces choses, les scribes et les pharisiens se mirent à le presser avec ardeur, et à le pousser à parler davantage ; ils l'attendaient, et cherchaient à surprendre quelque chose dans sa bouche, afin de pouvoir l'accuser.

CHAPITRE NEUF

1   Sur ces entrefaites, la foule s'étant rassemblée par dizaines de milliers, au point de se presser les uns contre les autres, il se mit à dire à ses disciples : Gardez-vous d'abord du levain des pharisiens, qui est l'hypocrisie. Car il n'y a rien de caché qui ne doive être découvert, ni de secret qui ne doive être connu. C'est pourquoi tout ce que vous aurez dit dans les ténèbres sera entendu à la lumière, et ce que vous aurez dit à l'oreille dans les chambres sera proclamé sur les toits. Je vous le dis, mes amis : Ne craignez pas ceux qui tuent le corps et qui, après cela, ne peuvent plus rien faire. Mais je vais vous montrer qui vous devez craindre : craignez celui qui, après avoir tué, a le pouvoir de jeter dans la géhenne ; oui, je vous le dis, craignez-le. Mais moi, je vous dis : Quiconque confessera en moi devant les hommes, le Fils de l'homme le confessera aussi devant Dieu ; mais celui qui me reniera devant les hommes sera renié devant Dieu. Et quiconque dira une parole contre le Fils de l'homme, il lui sera pardonné ; mais à celui qui blasphémera contre le Saint-Esprit, il ne sera pas pardonné. Quand on vous mènera devant les synagogues, devant les magistrats et les autorités, ne vous inquiétez pas de savoir comment ou quoi vous répondrez, ni ce que vous direz ; car le Saint-Esprit vous enseignera à l'heure même ce que vous devez dire.

2   Un homme de la foule lui dit : Maître, dis à mon frère de partager avec moi l'héritage. Il lui répondit : Homme, qui m'a établi juge ou partageur sur vous ? Il leur dit : Prenez garde à vous-mêmes, et gardez-vous de la cupidité ; car ce n'est pas de l'abondance d'un homme que dépend sa vie, mais de ses biens. Il leur proposa une parabole, en disant : La terre d'un homme riche produisait abondamment ; et il raisonnait en lui-même, disant : Que ferai-je, puisque je n'ai pas où recueillir mes fruits ? Et il dit : Voici ce que je ferai : J'abattrai mes greniers, j'en construirai de plus grands, et j'y recueillerai tous mes fruits et tous mes biens. Et je dirai à mon âme : Mon âme, tu as beaucoup de biens amassés pendant de longues années ; détends-toi, mange, bois et réjouis-toi. Mais Dieu lui dit : Insensé, cette nuit on te réclame ton âme ; et les choses que tu as préparées, à qui seront-elles ? Il en est ainsi de celui qui s'amasse des trésors pour lui-même, et qui n'est pas riche à l'égard de Dieu.

3   Il dit à ses disciples : C'est pourquoi je vous dis : Ne vous inquiétez pas pour votre vie de ce que vous mangerez, ni pour votre corps de quoi vous serez vêtus. La vie est plus que la nourriture, et le corps plus que le vêtement. Considérez les corbeaux, qui ne sèment ni ne moissonnent, qui n'ont ni grenier ni étable, et que Dieu nourrit : combien n'excellez-vous pas plutôt dans les oiseaux ! Lequel d'entre vous, s'il est inquiet, peut augmenter sa taille d'une coudée ? Si donc vous n'êtes pas capables de faire une seule petite chose, pourquoi vous inquiétez-vous du reste ? Considérez comment croissent les lis : ils ne peinent ni ne filent ; mais je vous le dis, Salomon lui-même, dans toute sa gloire, n'a pas été vêtu comme l'un d'eux. Si donc Dieu revêt ainsi l'herbe qui est aujourd'hui dans les champs, et qui demain sera jetée dans le Combien plus vous vêtira-t-il, gens de peu de foi ? Ne cherchez pas ce que vous mangerez, ni ce que vous boirez, et ne soyez pas inquiets. Les nations du

monde recherchent toutes ces choses ; mais votre Père sait que vous en avez besoin. Cherchez donc le royaume de Dieu, et toutes ces choses vous seront données par surcroît. Ne craignez pas, petit troupeau, car votre Père a bien voulu vous donner le royaume. Vendez vos biens et faites des aumônes ; faites-vous des bourses qui ne vieillissent pas, un trésor inépuisable dans les cieux, où le voleur n'approche pas et où la mite ne détruit pas. Car là où est votre trésor, là aussi sera votre coeur.

4   Que vos reins soient ceints et vos lampes allumées, et que vous soyez semblables à des hommes qui attendent leur maître à son retour des noces, afin de lui ouvrir aussitôt quand il viendra et frappera. Heureux ces serviteurs que le maître, à son arrivée, trouvera en train de veiller ! Je vous le dis en vérité, il se ceindra, les fera mettre à table, et passera pour les servir. S'il vient à la veille du soir et qu'il les trouve ainsi, heureux ces serviteurs ! Sachez que si le maître de la maison avait su à quelle heure le voleur allait venir, il aurait veillé, et n'aurait pas laissé percer sa maison. Soyez donc prêts, vous aussi, car le Fils de l'homme vient à l'heure où vous n'y pensez pas. Pierre lui dit : Seigneur, est-ce à nous, ou à tous, que cette parabole s'adresse ? Et le Seigneur dit : Quel est donc l'intendant fidèle et prudent que son maître a établi sur sa maison, pour lui donner sa part de nourriture au temps convenable ? Heureux le serviteur que son maître, à son arrivée, trouvera agissant ainsi ! Je vous dis en vérité que il l'établira sur tous ses biens. Mais si ce serviteur dit en son cocur : Mon maître tarde à venir, et s'il se met à battre les serviteurs et les servantes, à manger et à boire, et à s'enivrer, le maître de ce serviteur viendra un jour où il ne s'y attend pas et à une heure qu'il ne connaît pas, il le mettra en pièces, et lui assignera sa part avec les infidèles. Le serviteur qui, ayant connu la volonté de son maître, n'a rien voulu faire et n'a pas agi selon sa volonté, sera battu de plusieurs coups. Mais celui

qui n'a pas connu, et qui a fait des choses dignes de coups, sera battu de peu de coups. Car à qui l'on a beaucoup donné, on demandera beaucoup ; et à qui l'on a beaucoup donné, on demandera encore plus.

5   Je suis venu jeter le feu sur la terre, et que ferai-je s'il est déjà allumé ? Mais j'ai un baptême à recevoir, et combien suis-je contraint jusqu'à ce qu'il soit accompli ! Pensez-vous que je sois venu pour donner la paix sur la terre ? Je vous le dis : non, mais plutôt la division ; car désormais cinq personnes seront divisées dans une maison, trois contre deux, et deux contre trois. Ils seront divisés père contre fils, et fils contre père ; mère contre fille, et fille contre mère ; belle-mère contre sa belle-fille, et belle-fille contre sa belle-mère. Il dit encore à la foule : Quand vous verrez la nuée s'élever à l'occident, vous direz aussitôt : Voilà une pluie, et elle arrivera. Et quand vous voyez souffler le vent du midi, vous dites : Il y aura une chaleur torride ; et cela arrive. Hypocrites, vous savez comment interpréter la face de la terre et du ciel ; mais comment se fait-il que vous n'interprétiez pas ce temps-ci ? Pourquoi ne jugez-vous pas vous-mêmes de ce qui est juste ? Car lorsque vous allez avec votre adversaire devant le magistrat, fais attention, en chemin, à ne pas lui être livré, de peur qu'il ne te traîne devant le juge, que le juge ne te livre à l'officier, et que l'officier ne te jette en prison. Je vous le dis, vous ne partirez point de là que vous n'ayez payé jusqu'au dernier lepton.

CHAPITRE DIX

1   Il enseignait dans l'une des synagogues, le jour du sabbat. Et voici, il y avait une femme qui avait un esprit de faiblesse depuis dix-huit ans, et qui était courbée, sans pouvoir se soulever. Jésus, l'ayant vue, l'appela auprès de lui, et lui dit : Femme, tu

es délivrée de ton infirmité. Il lui imposa les mains ; aussitôt elle fut guérie, et elle glorifia Dieu. Le chef de la synagogue, irrité de ce que Jésus avait opéré une guérison le jour du sabbat, prit la parole et dit à la foule : Il y a six jours où l'on doit travailler ; c'est donc en ces jours-là qu'il faut venir se faire guérir, et non pas le jour du sabbat. Le Seigneur lui répondit : Hypocrite, chacun de vous ne détache-t-il pas, le jour du sabbat, son boeuf ou son âne de l'étable, pour le conduire à l'abreuvoir ? Et cette femme, fille d'Abraham, que Satan a liée depuis dix-huit ans, ne doit-elle pas être déliée de ce lien le jour du sabbat ? Lorsqu'il eut dit ces choses, tous ses adversaires furent couverts de honte, et toute la foule se réjouit de toutes les choses glorieuses qu'il avait faites.

2   Il dit alors : A quoi ressemble le royaume de Dieu ? Et à quoi le comparerai-je ? Il est semblable à un grain de sénevé qu'un homme a pris et jeté dans son jardin ; il a poussé et est devenu un grand arbre, et les oiseaux de la mer ont été chassés. le ciel s'est logé dans les branches de l'arbre. Il dit encore : A quoi comparerai-je le royaume de Dieu ? Il est semblable à du levain qu'une femme a pris et caché dans trois mesures de farine, jusqu'à ce que le tout ait levé.

3   Il allait par les villes et les villages, enseignant, et faisant route vers Jérusalem. Quelqu'un lui dit : Seigneur, y a-t-il peu de gens qui se sauvent ? Il leur répondit : Efforcez-vous d'entrer par la porte étroite ; car, je vous le dis, beaucoup chercheront à entrer, et ne le pourront pas. Lorsque le maître de la maison se sera levé, qu'il aura fermé la porte, et que vous vous tiendrez dehors et frapperez à la porte, en disant : Seigneur, Seigneur, ouvre-nous ; et qu'il vous répondra : Je ne sais d'où vous êtes ; alors vous commencerez à dire : Nous avons mangé et bu en ta présence, et tu as enseigné dans nos rues. Mais il dira : Je vous le dis, je ne sais pas d'où vous êtes ; retirez-vous de moi, vous tous

qui commettez l'iniquité. Il y aura des pleurs et des grincements de dents, quand vous verrez tous les justes dans le royaume de Dieu, Et vous-mêmes avez été poussés et retenus à l'extérieur.

CHAPITRE ONZE

1 Comme il entrait dans la maison d'un des principaux pharisiens, pour manger du pain le jour du sabbat, on l'observait. Et voici, il y avait devant lui un homme atteint d'hydropisie. Jésus prit la parole et dit aux docteurs et aux pharisiens : Est-il permis de guérir le jour du sabbat ? Et ils se taisaient. Il le prit, le guérit et le laissa aller. Puis il leur dit : Qui de vous aura un âne ou un boeuf tombé dans un puits, et ne le remontera pas aussitôt le jour du sabbat ? Ils ne purent rien lui répondre. Il dit encore à celui qui l'avait invité : Lorsque tu fais un déjeuner ou un dîner, n'appelle ni tes amis, ni tes frères, ni tes parents, ni tes riches voisins, de peur qu'ils ne te le redemandent, et qu'il ne t'en soit fait un prix. Mais quand tu fais un festin, appelle les pauvres, les estropiés, les boiteux, les aveugles, et tu seras heureux, car ils n'ont rien à te reprocher ; ils te le reprocheront à la résurrection des justes. L'un de ceux qui étaient assis avec lui, ayant entendu ces choses, lui dit : Heureux celui qui mangera du pain dans le royaume de Dieu ! Il lui dit : Un homme fit un grand souper, et invita beaucoup de monde ; il envoya son serviteur, à l'heure du souper, dire à ceux qui avaient été invités : Venez, car tout est prêt.

2 Tous, d'un commun accord, commencèrent à s'excuser. Le premier lui dit : J'ai acheté un terrain, et il faut que j'aille le voir : Je te prie de m'excuser. Un autre dit : J'ai acheté cinq boeufs, et je vais les examiner : Je vous prie de m'en excuser. Un autre dit : J'ai épousé une femme, et je ne puis venir. Ce servi-

teur vint donc, et montra ces choses à son maître. Le maître de la maison, ému, dit à son serviteur : Va promptement dans les rues et les chemins de la ville, et ramène ici les pauvres, les estropiés, les boiteux et les aveugles. Le serviteur dit : Seigneur, il a été fait comme tu l'as ordonné, et il y a encore de la place. Le seigneur dit au serviteur : Va par les chemins et par les haies, et force-les à entrer, afin que ma maison soit remplie. Car je vous dis qu'aucun de ceux qui ont été invités ne goûtera de mon souper.

3   Une grande foule l'accompagnait. Il se retourna et leur dit : Si quelqu'un vient à moi, et n'abandonne pas son père, sa mère, sa femme, ses enfants, ses frères et ses soeurs, et même sa propre vie, il ne peut être mon disciple. Et quiconque ne porte pas sa croix et ne vient pas derrière moi, ne peut être mon disciple. Car lequel d'entre vous, s'il veut bâtir une tour, ne s'assied d'abord pour en calculer le prix, afin de savoir s'il a ce qu'il faut pour l'achever ? De peur que, lorsqu'il aura posé le fondement et qu'il ne pourra pas achever, tous ceux qui le verront ne se mettent à se moquer de lui, en disant : Cet homme a commencé à bâtir, et il n'a pas pu achever. Quel roi, au moment de combattre un autre roi, ne s'assied d'abord pour examiner s'il peut, avec dix mille hommes, faire face à celui qui vient l'attaquer avec vingt mille hommes ? Ou encore, l'autre est encore loin, il envoie une ambassade et demande des conditions de paix. Ainsi donc, quel que soit celui d'entre vous qui ne renonce pas à tous ses biens, il ne peut être mon disciple.

CHAPITRE DOUZE

1   Tous les publicains et les pécheurs s'approchaient de lui pour l'entendre. Les pharisiens et les scribes murmuraient, di-

sant : Cet homme reçoit les pécheurs, et mange avec eux. Il leur proposa cette parabole : Quel est celui d'entre vous qui, ayant cent brebis, en perd une, ne laisse les quatre-vingt-dix-neuf autres dans le désert, et ne va chercher celle qui est perdue, jusqu'à ce qu'il la trouve ?

2   Quand il l'a trouvée, il la met sur ses épaules et se réjouit. Rentré dans la maison, il appelle ses amis et ses voisins, et leur dit : Réjouissez-vous avec moi, car j'ai retrouvé la brebis qui était perdue. Je vous le dis, il y aura de même dans le ciel plus de joie pour un seul pécheur qui se repent, que pour quatre--vingt-dix-neuf justes qui n'ont pas besoin de repentance. En effet, quelle est la femme qui, ayant dix drachmes, en perd une, n'allume pas une lampe, ne balaie pas la maison, et ne cherche pas avec soin jusqu'à ce qu'elle l'ait trouvée ? Et quand elle l'a trouvée, elle convoque ses amies et ses voisines, en disant : Réjouissez-vous avec moi, car j'ai trouvé la drachme que j'avais perdue. De même, je vous le dis, il y a de la joie devant Dieu pour un seul pécheur qui se repent.

CHAPITRE TREIZE

1   Il dit aussi à ses disciples : Il y avait un homme riche qui avait un intendant, et on lui reprochait de gaspiller ses biens. Il l'appela, et lui dit : Comment se fait-il que j'entende parler de toi ? Rends compte de ton intendance, car tu ne peux plus être intendant. L'intendant dit en lui-même : Que dois-je faire ? Car mon maître me retire l'intendance : Je n'ai pas la force de creuser ; j'ai honte de mendier. Je sais ce que je vais faire, afin qu'ils me reçoivent dans leurs maisons, quand je serai renvoyé de l'intendance. Il appela auprès de lui tous les débiteurs de son maître, et dit au premier : Combien dois-tu à mon maître ?

Il répondit : Cent baths d'huile. Le seigneur lui dit : Prends ton billet, assieds-toi vite, et écris cinquante. Il dit à un autre : Combien dois-tu ? Il répondit : Cent grains de blé. Il lui dit : Prends ton engagement, et écris quatre-vingts. Le maître félicita l'intendant d'iniquité, parce qu'il avait agi avec sagesse ; car les fils de ce siècle sont, pour leur génération, plus sages que les enfants de la lumière. Et moi, je vous dis : Faites-vous des amis parmi les richesses de l'iniquité, afin que, lorsque vous partirez, ils vous reçoivent dans les demeures éternelles. Celui qui est fidèle en peu de chose est fidèle en beaucoup ; et celui qui est injuste en peu de chose est injuste en beaucoup. Si donc vous n'avez pas été fidèles en ce qui concerne les injustes Si tu n'as pas été fidèle à l'argent, qui te confiera l'argent véritable ? Et si tu n'as pas été fidèle à ce qui appartient à un autre, qui te donnera ce qui est à moi ? Aucun homme ne peut servir deux maîtres : ou bien il haïra l'un et aimera l'autre, ou bien il s'attachera à l'un et méprisera l'autre. On ne peut servir Dieu et Mammon. Les pharisiens, qui aimaient l'argent, entendirent toutes ces choses, et ils se moquèrent de lui. Il leur dit : Vous vous rendez justes aux yeux des hommes ; mais Dieu connaît vos coeurs, car ce qui est estimé des hommes est une abomination aux yeux de Dieu. La loi et les prophètes ont existé jusqu'à Jean ; depuis lors, le royaume de Dieu est annoncé comme une bonne nouvelle, et chacun y entre par la force. Mais il est plus facile que le ciel et la terre passent, comme ont passé la loi et les prophètes, que de laisser échapper un seul iota de mes paroles. Quiconque répudie sa femme et en épouse une autre commet un adultère ; et quiconque épouse une femme répudiée par son mari commet un adultère.

2   Il y avait un homme riche, nommé Ninué, qui était vêtu de pourpre et de fin lin, et qui faisait chaque jour de grandes dépenses. Un mendiant, nommé Lazare, était couché à sa

porte, couvert d'ulcères, et désireux d'être nourri des miettes qui tombaient de la table du riche ; mais les chiens eux-mêmes venaient et léchaient ses ulcères. Le mendiant mourut, et les anges le portèrent dans le sein d'Abraham ; le riche mourut aussi, et fut enseveli. Dans le séjour des morts, il leva les yeux, en proie aux tourments, et il vit de loin Abraham, et Lazare dans son sein. Il s'écria : Père Abraham, aie pitié de moi, et envoie Lazare, afin qu'il trempe le bout de l'épine dorsale dans son sein. son doigt dans l'eau, et qu'il rafraîchisse ma langue, car je suis dans l'angoisse à cause de cette flamme. Abraham dit : Mon enfant, souviens-toi que tu as reçu tes biens pendant ta vie, et les maux de Lazare ; maintenant, il est consolé, et toi, tu es dans l'angoisse. Outre tout cela, il y a entre nous et vous un grand abîme, de sorte que ceux qui veulent passer d'ici chez vous ne le peuvent pas, et que, de là, ils ne peuvent pas non plus passer chez nous. Il dit : Je te prie donc, père, de l'envoyer dans la maison de mon père, car j'ai cinq frères, afin qu'il leur rende témoignage, de peur qu'ils ne viennent aussi dans ce lieu de tourments. Abraham lui dit : Ils ont Moïse et les prophètes ; qu'ils les écoutent. Il répondit : Non, père Abraham ; mais si quelqu'un d'entre les morts est allé vers eux, ils se repentiront. Il lui dit : S'ils n'écoutent pas Moïse et les prophètes, ils ne se laisseront pas persuader, même si un mort se lève.

3   Il dit alors aux disciples : Il est impossible de ne pas trouver des occasions de chute ; mais malheur à celui par qui elles arrivent ! Il vaudrait mieux qu'il ne soit pas né, qu'on lui mette au cou une meule de moulin et qu'on le jette dans la mer, plutôt qu'il ne fasse trébucher un seul de ces petits. Prenez garde à vous-mêmes : Si ton frère a commis une faute contre toi, reprends-le ; et s'il se repent, pardonne-lui. S'il t'a offensé sept fois le même jour, et que sept fois le même jour il revienne à toi, en disant : Je me repens, tu lui pardonneras. Les apôtres

dirent au Seigneur : Augmentez notre foi. Et le Seigneur dit : Si vous aviez de la foi comme un grain de sénevé, vous diriez à ce mûrier : Arrache-toi, et plante-toi dans la mer vous ont obéi. Qui de vous, ayant un serviteur qui laboure ou qui garde les troupeaux, lui dira, lorsqu'il reviendra des champs : Viens tout de suite, et couche-toi pour manger ? Ne lui dira-t-il pas plutôt : Prépare-moi de quoi souper, et ceins-toi, et sers-moi jusqu'à ce que j'aie mangé et bu ; et après, tu mangeras et tu boiras ? Remercie-t-il ce serviteur de ce qu'il a fait ce qui lui était ordonné ? Je ne le crois pas. Il en est de même pour vous, lorsque vous aurez fait tout ce qui vous a été ordonné.

4   Comme il se rendait à Jérusalem, il passa au milieu de la Samarie et de la Galilée. Comme il entrait dans un village, il rencontra dix lépreux qui se tenaient à l'écart ; ils élevaient la voix et disaient : Jésus, Maître, aie pitié de nous. Quand il les vit, il leur dit : Allez vous montrer aux sacrificateurs. Et comme ils allaient, ils furent purifiés. L'un d'eux, voyant qu'il était guéri, revint sur ses pas, glorifia Dieu à haute voix, et se jeta à ses pieds, la face contre terre, en lui rendant grâces ; c'était un Samaritain. Jésus répondit : Les dix n'ont-ils pas été purifiés ? Mais où sont les neuf ? Il ne s'est pas trouvé d'autres personnes que cet étranger pour revenir rendre gloire à Dieu ? Il y avait beaucoup de lépreux en Israël, au temps d'Élisée, le prophète, et aucun d'eux ne fut guéri, si ce n'est Naaman le Syrien. Il lui dit : Lève-toi, va-t'en ; ta foi t'a sauvé.

5   Interrogé par les pharisiens sur la question de savoir quand viendra le royaume de Dieu, il leur répondit : Le royaume de Dieu ne vient pas en observant ; on ne dira pas : Voici ! Ou bien : Voici ! Car voici le royaume de Dieu est en vous. Il dit aux disciples : Des jours viendront où vous voudrez voir l'un des jours du Fils de l'homme, et vous ne le verrez pas. Et l'on

vous dira : Voici, ou voici, ou voici, ou voici, ou voici, ou voici, ou voici, ou voici, ou voici, ou voici, ou voici, ou voici. Ne vous en allez pas, et ne les suivez pas. Car, comme l'éclair, qui part d'une partie sous le ciel, éclaire l'autre partie sous le ciel, ainsi sera le Fils de l'homme en son jour. Mais il faut d'abord qu'il souffre beaucoup, et qu'il soit rejeté par cette génération. Et comme il arriva aux jours de Noé, il en sera de même aux jours du Fils de l'homme. Ils mangeaient, ils buvaient, ils se mariaient, ils étaient donnés en mariage, jusqu'au jour où Noé entra dans l'arche, où le déluge vint et les fit tous périr. Il en fut de même aux jours de Lot : ils mangeaient, ils buvaient, ils achetaient, ils vendaient, ils plantaient, ils bâtissaient ; mais le jour où Lot sortit de Sodome, il tomba du ciel une pluie de feu et de soufre, qui les fit tous périr. Il en sera de même au jour où le Fils de l'homme paraîtra. En ce jour-là, celui qui sera sur le toit et qui aura ses biens dans la maison ne descendra pas pour les emporter ; et celui qui sera dans les champs ne reviendra pas non plus à ce qu'il y a derrière. Souvenez-vous de la femme de Lot. Quiconque cherchera à sauver sa vie la perdra, et quiconque perdra sa vie la conservera. Je vous le dis, cette nuit-là, deux hommes seront sur un même lit ; l'un sera pris et l'autre laissé. Deux femmes moudront sur la même pierre ; l'une sera prise, et l'autre laissée. Deux hommes seront dans les champs ; l'un sera pris et l'autre laissé. Ils lui répondirent : Où, Seigneur ? Il leur répondit : Là où est le corps, là s'assembleront les aigles.

CHAPITRE QUATORZE

1   Il leur dit aussi une parabole sur la nécessité de toujours prier et de ne pas se laisser abattre, en disant : Il y avait dans une ville un juge qui ne craignait pas Dieu et n'avait pas d'égards

pour les hommes ; or il y avait dans cette ville une veuve qui s'approchait de lui, et lui disait : Fais-moi droit à mon adversaire en justice. Pendant quelque temps, il ne voulut pas ; puis il se dit en lui-même : Je ne crains pas Dieu et je n'ai pas d'égards pour les hommes ; mais, puisque cette veuve me donne du fil à retordre, je lui rendrai justice, de peur qu'elle ne me lasse en allant jusqu'au bout. Le Seigneur dit : Écoutez ce qu'a dit le juge des injustes. Dieu ne redressera-t-il pas ses élus, qui crient à lui jour et nuit, quoiqu'il souffre longtemps à leur égard ? Je vous dis qu'il leur rendra promptement justice. Mais quand le Fils de l'homme viendra, trouvera-t-il la foi sur la terre ?

2   Il dit cette parabole à ceux qui se croient justes, et qui ne tiennent aucun compte des autres. Deux hommes montèrent au temple pour prier : l'un était pharisien, et l'autre publicain. Le pharisien se tint debout et pria ainsi : Dieu, je te rends grâces de ce que je ne suis pas comme les autres hommes, extorqueurs, injustes, adultères, ni même comme ce publicain. Je jeûne deux fois par semaine, et je donne la dîme de tout ce que je reçois. Le publicain, qui se tenait à distance, ne levait pas même les yeux vers le ciel ; mais il se frappait la poitrine, en disant : Que Dieu soit ! a fait pour moi la propitiation en faveur du pécheur. Je vous le dis, celui-ci est descendu dans sa maison en se faisant justice plutôt que celui-là ; car quiconque s'élève sera abaissé, et celui qui s'abaisse sera élevé. Ils lui amenaient aussi des nourrissons, pour qu'il les touchât ; mais les disciples, voyant cela, les réprimandèrent. Jésus les appela auprès de lui, et dit : Laissez venir à moi les petits enfants, et ne les en empêchez pas ; car c'est à ceux-là qu'appartient le royaume de Dieu. Je vous le dis en vérité, quiconque ne reçoit pas le royaume de Dieu comme un petit enfant n'y entrera pas.

3   Un chef l'interrogea, en disant : Bon maître, que dois-je faire pour avoir en héritage la vie éternelle ? Jésus lui répondit : Pourquoi m'appeler bon ? Nul n'est bon, si ce n'est Dieu le Père. Le chef dit : Je connais les commandements.

- Ne commets pas d'adultère, ne tue pas, ne vole pas, ne porte pas de faux témoignage, honore ton père et ta mère. J'ai observé toutes ces choses depuis ma jeunesse. Jésus, ayant entendu ces choses, lui dit : Il te manque encore une chose : vends tout ce que tu as, distribue-le aux pauvres, et tu auras un trésor dans le ciel ; puis viens, suis-moi. Après avoir entendu ces paroles, il devint extrêmement triste, car il était très riche. Jésus, le voyant dans une grande tristesse, dit : Ceux qui ont des richesses entreront difficilement dans le royaume de Dieu. Car il est plus facile à un chameau d'entrer par le trou d'une aiguille qu'à un riche d'entrer dans le royaume de Dieu. Ceux qui l'entendirent dirent : Qui donc peut être sauvé ? Et il répondit : Ce qui est impossible aux hommes est possible à Dieu. Alors Pierre dit : Voici, nous avons tout quitté, et nous t'avons suivi.

Et il leur dit : Je vous le dis en vérité, il n'est personne qui ait quitté sa maison, ses parents, ses frères, sa femme ou ses enfants, à cause du royaume de Dieu, qui ne reçoive en ce temps-ci une multitude de choses, et dans le siècle à venir la vie éternelle.

4   Comme il approchait de Jéricho, un aveugle était assis au bord du chemin et mendiait. Ayant entendu passer la foule, il demanda ce qui se passait. On lui répondit que Jésus passait par là. Il s'écria : Jésus, Fils de David, aie pitié de moi ! Ceux qui précédaient le reprenaient, afin qu'il se tût ; mais il criait encore plus fort : Fils de David, aie pitié de moi ! Jésus s'arrêta, et ordonna qu'on le lui amenât. Lorsqu'il se fut approché, il l'interrogea, en disant : Que veux-tu que je te fasse ? Il répon-

dit : Seigneur, que je recouvre la vue. Jésus lui dit : Recouvre la vue ; ta foi t'a sauvé. Aussitôt il recouvra la vue, et le suivit en glorifiant Dieu ; et tout le peuple, à cette vue, rendait gloire à Dieu.

CHAPITRE QUINZE

1   Jésus entra dans Jéricho et la traversa. Et voici, un homme appelé Zachée, chef des publicains et riche, cherchait à voir Jésus qui il était, et il ne le pouvait pas à cause de la foule, parce qu'il était petit de taille. Il cherchait à voir qui était Jésus, et il ne le pouvait pas à cause de la foule, parce qu'il était petit de taille. Il courut devant lui, et monta sur un sycomore pour le voir, car il allait passer par là. Arrivé là, il leva les yeux, le vit, et lui dit : Zachée, hâte-toi de descendre, car aujourd'hui je dois demeurer dans ta maison. Il se hâta de descendre, et le reçut avec joie. Voyant cela, tous murmurèrent, disant qu'il était allé loger chez un homme pécheur. Zachée s'arrêta, et dit au Seigneur : Voici, Seigneur, je donne aux pauvres la moitié de mes biens ; et si j'ai pris quelque chose à quelqu'un par fausse accusation, je le lui rends au quadruple. Jésus lui dit : Aujourd'hui le salut est arrivé dans cette maison, car le Fils de l'homme est venu chercher et sauver ce qui était perdu.

2   Comme ils entendaient ces choses, il ajouta et dit une parabole, parce qu'il était près de Jérusalem et qu'ils pensaient que le royaume de Dieu allait paraître immédiatement. Il dit donc : Un gentilhomme partit pour un pays lointain, afin de recevoir un royaume, et de s'en retourner. Il appela ses dix serviteurs, leur remit dix livres, et leur dit : Faites du commerce ! jusqu'à ce que je vienne. Mais ses concitoyens le haïssaient, et ils le poursuivaient en disant : Nous ne voulons pas que cet homme règne

sur nous. Lorsqu'il fut de retour, après avoir reçu la royauté, il ordonna qu'on appelât auprès de lui les serviteurs à qui il avait donné l'argent, afin de savoir quel métier chacun avait fait. Le premier se présenta devant lui, et dit : Seigneur, votre mina a fait dix minas de plus. Il lui dit : C'est bien, bon serviteur ; parce que tu as été fidèle en peu de chose, tu commanderas dix villes. Le second vint, et dit : Seigneur, ta mine a gagné cinq mines. Et il lui dit de même : Tu seras aussi maître de cinq villes. Un autre vint, et dit : Seigneur, voici ta mine, que j'avais mise dans une serviette ; car je te craignais, parce que tu es un homme austère : tu reprends ce que tu n'as pas déposé, et tu moissonnes ce que tu n'as pas semé. Il lui dit : C'est de ta bouche que je te jugerai, méchant serviteur. Savais-tu que j'étais un homme austère, reprenant ce que je n'avais pas déposé, et moissonnant ce que je n'avais pas semé ? Pourquoi donc n'as-tu pas mis mon argent à la banque, pour que je vienne te le réclamer avec un intérêt ? Il dit à ceux qui étaient là : Prenez-lui la mine, et donnez-la à celui qui en a dix. Ils lui dirent : Seigneur, il a dix mines. Car je vous le dis, on donnera à quiconque a, et l'on ôtera à celui qui n'a pas ce qu'il a. Mais ceux de mes ennemis qui n'ont pas voulu que je régnasse sur eux, amenez-les ici, et tuez-les devant moi. Après avoir ainsi parlé, il partit en avant, et monta à Jérusalem. Il enseignait chaque jour dans le temple. Les principaux sacrificateurs, les scribes et les chefs du peuple cherchaient à le faire périr, et ils ne pouvaient le faire. de savoir ce qu'ils pourraient faire, car tout le peuple était très attentif à l'entendre.

CHAPITRE SEIZE

1 Un de ces jours-là, comme il enseignait le peuple dans le temple et annonçait la bonne nouvelle, les principaux sacrifi-

cateurs et les scribes, avec les anciens, vinrent le trouver et lui dirent : Dis-nous, par quelle autorité fais-tu ces choses ? Ou qui est celui qui t'a donné cette autorité ? Il leur répondit : Je vous demanderai encore une chose, et dites-moi : le baptême de Jean vient-il du ciel, ou des hommes ? Ils raisonnaient ainsi : Si nous disons : Du ciel, il dira : Pourquoi donc n'avez-vous pas cru en lui ? Mais si nous disons : Des hommes, tout le peuple nous lapidera, car il est persuadé que Jean était un prophète. Ils répondirent qu'ils ne savaient pas d'où cela venait. Jésus leur dit : Je ne vous dirai pas non plus par quelle autorité je fais ces choses.

2   A l'heure même, les principaux sacrificateurs et les scribes cherchèrent à mettre la main sur lui, car ils craignaient le peuple. Ils le surveillaient, et ils envoyaient des espions, feignant d'être des hommes justes, pour s'emparer de ses paroles, afin de le livrer à la domination et à l'autorité du gouverneur. Ils l'interrogèrent en ces termes : Maître, nous savons que tu dis et que tu enseignes avec droiture, que tu n'acceptes pas les apparences, mais que tu enseignes en toute vérité la voie de Dieu. Nous est-il permis, oui ou non, de payer le tribut à César ? Mais il s'aperçut de leur ruse, et leur dit : Pourquoi ? me tenter ? Montre-moi un denier. De qui sont l'image et l'inscription ? Ils répondirent : De César. Et il leur dit : Rendez donc à César ce qui est à César, et à Dieu ce qui est à Dieu. Ils ne purent retenir ce qu'il disait devant le peuple ; ils furent étonnés de sa réponse, et se turent.

3   Quelques Sadducéens, qui nient qu'il y ait une résurrection, s'approchèrent de lui. Ils l'interrogèrent en ces termes : Maître, Moïse nous a écrit que, si le frère d'un homme meurt sans enfant après avoir pris une femme, son frère prendra la femme et suscitera une postérité à son frère. Il y avait donc sept frères. Le premier prit une femme, et mourut sans enfant. Le

second la prit pour femme, et mourut sans enfants. Le troisième la prit pour femme. De même, les sept frères ne laissèrent point d'enfants et moururent. Enfin, la femme mourut aussi. A la résurrection, de qui donc sera-t-elle la femme ? Car les sept l'ont eue pour femme. Jésus leur répondit : Les fils de ce siècle se marient et sont donnés en mariage ; mais ceux que Dieu a jugés dignes de ce siècle, pour obtenir la résurrection des morts, ne se marient point et ne sont point donnés en mariage, et ils ne peuvent plus mourir ; car ils sont égaux aux anges, et ils sont les fils de Dieu, puisqu'ils sont les enfants de la résurrection. Quelques scribes, prenant la parole, dirent : Maître, tu as bien parlé. Et ils n'osèrent plus rien lui demander.

4   Et il leur dit : Comment disent-ils que le Christ est le fils de David ? David lui-même dit dans le livre des Psaumes : L'Éternel a dit à mon Seigneur : Assieds-toi à ma droite, jusqu'à ce que je fasse de tes ennemis le marchepied de tes pieds. David l'appelle donc Seigneur, et comment est-il alors son fils ?

5   Tout le peuple l'ayant entendu, il dit à ses disciples : Méfiez-vous des scribes, qui veulent marcher en robes longues, qui aiment les salutations sur les marchés, les premiers sièges dans les synagogues, et les premières salles dans les festins, qui dévorent les maisons des veuves, et qui, sous prétexte de faire de longues prières, encourent une plus grande condamnation.

CHAPITRE DIX-SEPT

1   Il leva les yeux, et vit les riches qui jetaient leurs dons dans le trésor. Il vit aussi une pauvre veuve qui y jetait deux lepta. Et il dit : Je vous le dis en vérité, cette pauvre veuve a versé plus qu'eux tous ; car tous ceux-là, dans leur surabondance, ont

versé aux offrandes de Dieu ; mais elle, dans son indigence, a versé tout ce qu'elle avait de vivant.

2   Comme quelques-uns disaient du temple qu'il était orné de belles pierres et d'offrandes, il dit : Pour ce qui est des choses que vous voyez, des jours viendront où il ne restera pas pierre sur pierre qui ne soit renversée. Ils l'interrogeaient, disant : Maître, quand donc ces choses arriveront-elles ? Et quel sera le signe que ces choses arriveront ? Il répondit : Prenez garde de ne pas vous égarer ; car plusieurs viendront en mon nom, disant : C'est moi ; et le temps est proche : n'allez donc pas après eux. Quand vous entendrez parler de guerres et de tumultes, ne soyez pas effrayés ; car il faut que ces choses arrivent d'abord, mais la fin n'est pas pour tout de suite. Il leur dit ensuite : Une nation s'élèvera contre une nation, et un royaume contre un royaume ; il y aura en divers lieux de grands tremblements de terre, des famines et des pestes ; des terreurs et de grands signes viendront du ciel. Mais avant tout cela, on mettra la main sur vous, on vous persécutera, on vous livrera aux synagogues, on vous jettera en prison, on vous amènera devant les rois et les gouverneurs, à cause de mon nom. Et cela vous servira de témoignage. Car je te donnerai une bouche et une sagesse que tous tes adversaires ne pourront ni contredire ni combattre. Vous serez livrés par vos parents, par vos frères, par vos proches, par vos amis, et l'on fera mourir quelques-uns d'entre vous. Vous serez haïs de tous, à cause de mon nom.

3   Dans votre patience, possédez vos âmes. Mais quand vous verrez Jérusalem entourée d'armées, sachez que sa ruine est proche. Malheur à celles qui sont enceintes et à celles qui allaient, en ces jours-là ! Car il y aura une grande détresse dans le pays, et la colère s'abattra sur ce peuple. Ils tomberont sous le tranchant de l'épée, Ils seront emmenés captifs parmi toutes les nations,

Et Jérusalem sera foulée aux pieds par les nations, Jusqu'à ce que les temps des nations soient accomplis. Il y aura des signes dans le soleil, dans la lune et dans les étoiles ; sur la terre, les nations seront dans la détresse et l'angoisse ; la mer et les flots mugiront ; les hommes s'évanouiront de peur et dans l'attente des choses qui vont arriver au monde ; car les puissances des cieux seront ébranlées. Alors on verra le Fils de l'homme venant sur une nuée avec une grande puissance. Quand ces choses commenceront à s'accomplir, regardez en haut et relevez la tête, car votre rédemption approche. Et il leur dit une parabole : Voyez le figuier et tous les arbres ; quand ils ont déjà poussé, vous le voyez, et vous savez vous-mêmes que l'été est déjà proche. De même, lorsque vous verrez ces choses s'accomplir, sachez que le royaume de Dieu est proche. Je vous le dis en vérité, le ciel et la terre ne passera point, jusqu'à ce que tout soit arrivé. Le ciel et la terre passeront, mais mes paroles ne passeront point.

4   Prenez garde à vous-mêmes, de peur que vos cœurs ne soient appesantis par les excès, l'ivrognerie et les soucis de la vie, et que ce jour ne vienne à votre insu. Car il surprendra comme un piège tous ceux qui habitent sur la face de toute la terre. Veillez donc en tout temps, en priant, afin que vous soyez jugés dignes d'échapper à toutes ces choses qui vont arriver. Chaque jour, il enseignait dans le temple ; la nuit, il sortait, et se tenait sur la montagne appelée les Oliviers. Dès le matin, tout le peuple venait l'entendre dans le temple.

CHAPITRE DIX-HUIT

1   Or, la fête des pains sans levain, qu'on appelle la Pâque, approchait. Les principaux sacrificateurs et les scribes cherchaient comment ils pourraient le faire mourir, car ils craig-

naient le peuple. Judas, surnommé Iscariote, qui était du nombre des douze, s'en alla, et s'entretint avec les principaux sacrificateurs et les chefs, pour savoir comment il pourrait le leur livrer. Ils s'en réjouirent, et s'engagèrent à lui donner de l'argent. Il y consentit, et chercha l'occasion de le leur livrer sans tumulte.

2   Le jour des pains sans levain arriva, où l'on devait immoler la Pâque. Il dit à Pierre et aux autres : Allez, et faites des préparatifs, afin que nous mangions la Pâque. Ils lui dirent : Où veux-tu que nous fassions ces préparatifs ? Il leur dit : Voici, quand vous serez entrés dans la ville, un homme viendra à votre rencontre, portant une cruche d'eau ; suivez-le dans la maison où il entrera. Vous direz au maître de la maison : Le maître t'a dit : Où est le logement où je pourrai manger la Pâque avec mes disciples ? Il vous montrera une grande chambre haute, meublée ; tenez-la prête. Ils y allèrent, et trouvèrent ce qu'il leur avait dit ; et ils préparèrent la Pâque. L'heure étant venue, il s'assit, et les douze apôtres avec lui. Il leur dit : J'ai désiré vivement manger cette Pâque.

Il prit une coupe, et, après avoir rendu grâces, il dit : Prenez ceci, et distribuez-le entre vous ; car, je vous le dis, je ne boirai pas du fruit de la vigne jusqu'à ce que le royaume de Dieu soit venu. Il prit du pain, rendit grâces, le rompit, et le leur donna, en disant : Ceci est mon corps, qui est donné pour vous ; faites ceci en mémoire de moi. De même, après le repas, il prit la coupe, en disant : Cette coupe est la nouvelle alliance en mon sang, qui a été répandu pour vous. Mais voici que la main de celui qui me livre est avec moi sur la table. Et le Fils de l'homme s'en va, comme il a été décidé ; mais malheur à l'homme par qui il est livré ! Et ils commencèrent à se disputer pour savoir lequel d'entre eux ferait cette chose. Ils se disputaient aussi pour savoir lequel d'entre eux serait le plus grand. Il leur dit : Les rois des nations les dominent, et ceux qui les dominent sont appelés bienfaiteurs. Il n'en sera pas ainsi pour vous ; mais que le plus grand d'entre vous soit comme le plus jeune, et celui qui conduit comme celui qui sert. Car quel est le plus grand, celui qui se repose à table, ou celui qui sert ? N'est-ce pas celui qui se prélasse ? Moi, je suis au milieu de vous comme celui qui sert. Vous êtes ceux qui ont persévéré avec moi dans mes épreuves. Et je vous établis comme mon Père m'a établi un royaume.

3   Le Seigneur dit : Simon, Simon, voici que Satan t'a réclamé pour te cribler comme le froment ; mais j'ai prié pour toi, afin que ta foi ne défaille pas ; et quand tu seras revenu sur tes pas, affermis tes frères. Il lui dit : Seigneur, je suis prêt à aller avec toi en prison et à la mort. Et il dit : Je te le dis, Pierre, le Le coq ne chantera pas du tout aujourd'hui, avant que tu ne renies trois fois que tu me connais.

4   Il sortit, et se rendit, selon sa coutume, à la montagne des Oliviers ; et ses disciples le suivirent. Lorsqu'il fut arrivé au lieu dit, il leur dit : Priez pour ne pas entrer en tentation. Il se mit à genoux, et pria ainsi : Père, si tu le veux, éloigne de moi cette coupe ; toutefois, que ce ne soit pas ma volonté, mais la tienne qui se fasse. S'étant relevé de sa prière, il alla vers ses disciples, qu'il trouva endormis par la tristesse ; et il leur dit : Pourquoi dormir ? Levez-vous et priez, afin de ne pas entrer en tentation.

5   Comme il parlait encore, voici qu'une foule, et celui qu'on appelait Judas, l'un des douze, marchait devant eux, et s'approchait de Jésus pour le baiser. Jésus lui dit : Judas, c'est par un baiser que tu livres le Fils de l'homme ? Jésus dit aux principaux sacrificateurs, aux chefs du temple et aux anciens, qui étaient

venus contre lui : Êtes-vous sortis comme pour un brigand, avec des épées et des bâtons ? Quand j'étais chaque jour avec vous dans le temple, vous n'avez pas étendu les mains contre moi ; mais voici votre heure, et la puissance des ténèbres.

6   Ils se saisirent de lui, le conduisirent et le firent entrer dans la maison du souverain sacrificateur. Pierre suivait de loin. Ils allumèrent un feu au milieu de la cour, et ils s'assirent ensemble ; Pierre s'assit au milieu d'eux. Une servante, le voyant assis vers la lumière, le regarda fixement, et dit : Cet homme aussi était avec lui. Mais il le renia, en disant : Femme, je connais ne le voyait pas. Peu après, un autre, l'ayant vu, dit : Toi aussi, tu es de ceux-là. Pierre répondit : Je n'en suis pas un. Environ une heure plus tard, un autre affirma avec assurance : En vérité, cet homme était aussi avec lui, car il est Galiléen. Pierre dit : Je ne sais ce que tu dis. Aussitôt, comme il parlait encore, le coq chanta. Le Seigneur se retourna, et regarda Pierre. Et Pierre se souvint de la parole du Seigneur, qui lui avait dit : Avant que le coq chante, tu me renieras trois fois. Pierre sortit, et pleura amèrement.

7   Les hommes qui tenaient Jésus ne cessaient de se moquer de lui et de le frapper. Après lui avoir bandé les yeux, ils continuaient à le frapper au visage et à l'interroger, en disant : Prophétise, qui est celui qui t'a frappé ? Et ils disaient encore beaucoup d'autres choses, en l'injuriant. Le jour étant venu, les anciens du peuple, les principaux sacrificateurs et les scribes s'assemblèrent, et ils l'emmenèrent dans leur conseil, en disant : Si tu es le Christ, dis-le nous. Il leur répondit : Si je vous le dis, vous ne croirez point ; et si je vous interroge, vous ne me répondrez point, et vous ne me laisserez point aller. Désormais le Fils de l'homme sera assis à la droite de la puissance de Dieu. Tous dirent : Es-tu donc le Fils de Dieu ? Il leur répondit : Vous le dites, parce que je le suis. Ils dirent : Qu'avons-nous encore

besoin d'un témoignage ? Car nous l'avons nous-mêmes entendu de sa bouche.

CHAPITRE DIX-NEUF

1   Toute la foule se leva, et l'amena devant Pilate. Ils commencèrent à l'accuser, en disant : Nous avons trouvé cet homme qui pervertissait la nation, qui détruisait la loi et les prophètes, qui interdisait de payer le tribut à César, qui détournait les femmes et les enfants, et qui disait qu'il était lui-même le Christ-Roi. Pilate l'interrogea, en disant : Es-tu le roi des Juifs ? Il lui répondit : Tu le dis. Pilate dit aux principaux sacrificateurs et à la foule : Je ne trouve rien à redire à cet homme. Ils insistaient, disant : Il excite le peuple, il enseigne dans toute la Judée, et il est parti de la Galilée pour arriver jusqu'ici. Pilate, ayant entendu parler de la Galilée, demanda si cet homme était Galiléen. Sachant qu'il était de la juridiction d'Hérode, il le fit monter vers Hérode, qui se trouvait alors à Jérusalem. Lorsque Hérode vit Jésus, il en éprouva une grande joie, car il y avait longtemps qu'il désirait le voir, parce qu'il avait entendu dire beaucoup de choses sur lui, et qu'il espérait qu'il ferait quelque signe. Il l'interrogea en plusieurs termes ; mais il ne lui répondit rien. Les principaux sacrificateurs et les scribes l'accusaient avec véhémence. Hérode, avec ses soldats, le réduisit à néant, se moqua de lui, et, après l'avoir revêtu d'une magnifique robe, il le renvoya à Pilate. Pilate et Hérode devinrent amis l'un de l'autre. jour même, car auparavant ils étaient en désaccord entre eux.

2   Pilate convoqua les principaux sacrificateurs, les magistrats et le peuple, et leur dit : Vous m'avez amené cet homme comme un pervers du peuple. Je l'ai examiné devant vous, et je n'ai

trouvé en lui aucune des fautes dont vous l'accusez, non plus qu'Hérode, car c'est vers lui que je vous ai envoyés ; et voici, il n'a rien fait qui mérite la mort. Je vais donc le châtier et le relâcher. Or, il était dans la nécessité de leur relâcher un homme à chaque fête. Mais ils crièrent tous à la fois : Otez cet homme, et relâchez-nous Barabbas, qui avait été jeté en prison pour une insurrection qui avait eu lieu dans la ville, et pour un meurtre. Pilate leur parla de nouveau, et voulut relâcher Jésus. Mais ils criaient : Crucifiez-le, crucifiez-le ! Il leur dit pour la troisième fois : Quel mal cet homme a-t-il fait ? Je n'ai trouvé en lui aucune cause de mort : Je le châtierai donc, et je le relâcherai. Mais ils insistaient à grands cris, demandant qu'il fût crucifié. Leur voix et celle des grands prêtres l'emportèrent. Pilate décréta qu'il serait fait droit à leur demande. Il leur relâcha celui qui avait été jeté en prison pour insurrection et meurtre, et qu'ils réclamaient ; mais il livra Jésus à leur volonté.

3   Comme ils l'emmenaient, ils saisirent un certain Simon, Cyrénéen, qui venait de la campagne, et ils lui confièrent la croix, pour qu'il la portât après Jésus. Il était suivi d'une grande foule de gens du peuple et de femmes, qui le pleuraient et se lamentaient. Jésus se tourna vers elles, et dit : Filles de Jérusalem !

Ne pleurez pas sur moi, mais pleurez sur vous-mêmes et sur vos enfants. Car voici, les jours viennent où l'on dira : Heureuses les stériles, les entrailles qui n'ont point enfanté, et les mamelles qui n'ont point allaité ! Alors ils se mettront à dire aux montagnes : Tombez sur nous ! et aux collines : Couvrez-nous ! Car si l'on fait ces choses dans l'arbre vert, que fera-t-on dans l'arbre sec ? Deux autres malfaiteurs furent conduits avec lui pour être mis à mort. Lorsqu'ils furent arrivés au lieu appelé Crâne, ils le crucifièrent, ainsi que les malfaiteurs, l'un à droite et l'autre à gauche. Le peuple se tenait là, regardant. Les magistrats qui étaient avec eux se moquaient de lui, en disant : D'autres se sont sauvés ; qu'ils se sauvent eux-mêmes, si c'est là le Christ, l'élu de Dieu. Les soldats aussi se moquaient de lui ; ils s'approchaient de lui, lui offraient du vinaigre, et disaient : Si tu es le roi des Juifs, sauve-toi toi-même. Il y avait sur lui une inscription en lettres grecques, latines et hébraïques : **Celui-ci est le roi des Juifs**. L'un des malfaiteurs pendus l'injuriait en disant : Si tu es le Christ, sauve-toi toi-même et sauve-nous. Mais l'autre, répondant, le reprit en disant : Ne crains-tu pas Dieu, parce que tu es dans la même condamnation ? Et nous, c'est justice, car nous recevons ce qui est digne de nos oeuvres ; mais cet homme n'a rien fait de mal. Il dit à Jésus : Seigneur, souviens-toi de moi quand tu viendras dans ton royaume. Jésus lui répondit : Je te le dis en vérité aujourd'hui, tu seras avec moi. Il était environ la sixième heure, et l'obscurité se fit sur toute la terre jusqu'à la neuvième heure. Le soleil s'obscurcit, et le voile du sanctuaire se déchira par le milieu. Après avoir poussé un grand cri, Jésus dit : Père, je remets mon esprit entre tes mains. expiré. Le centenier, voyant ce qui s'était passé, glorifia Dieu, et dit : Cet homme est juste. Toute la foule qui s'était rassemblée pour assister à ce spectacle, voyant ce qui s'était passé, s'en retourna en se frappant la poitrine. Tous ceux qui le connaissaient, et les femmes qui l'avaient suivi depuis la Galilée, se tenaient à l'écart pour voir ces choses. Et voici, un homme nommé Joseph, conseiller, homme de bien et juste, qui n'avait pas consenti à leur conseil et à leur action, un homme d'Arimathée, ville des Juifs, qui attendait lui-même le royaume de Dieu, alla trouver Pilate, et lui demanda le corps de Jésus. Il le descendit, l'enveloppa dans un linceul, et le déposa dans un sépulcre taillé dans la pierre, où personne n'avait encore été couché. C'était le jour de la préparation, et le sabbat commençait à poindre. Les femmes qui étaient venues de Galilée avec lui suivirent, et virent le sépulcre et la manière dont son corps avait été mis au tombeau. Elles s'en retournèrent, et préparèrent des aromates et des parfums. Le jour du sabbat, elles se reposèrent, selon le commandement.

CHAPITRE VINGT

1   Le premier jour de la semaine, dès l'aube, ils se rendirent au tombeau, apportant les aromates qu'ils avaient préparés, et d'autres avec eux. Elles trouvèrent la pierre roulée de devant le tombeau. Elles entrèrent, et ne trouvèrent pas le corps du Seigneur Jésus. Comme elles étaient en proie à la perplexité, voici que deux hommes se tenaient près d'elles, vêtus d'habits flamboyants. Elles eurent peur et baissèrent le visage vers la terre. Ils leur dirent : Pourquoi chercher parmi les morts celui qui vit ? Souvenez-vous de ce qu'il vous a dit, lorsqu'il était encore en Galilée : Il faut que le Fils de l'homme soit livré aux mains des hommes pécheurs, qu'il soit crucifié, et qu'il ressuscite le troisième jour. Elles se souvinrent de ses paroles, revinrent du sépulcre, et racontèrent toutes ces choses aux onze, et à tous les autres. Or, ce sont Marie de Magdala, Jeanne, Marie, mère de Jacques, et d'autres femmes avec elles, qui ont rapporté ces choses aux apôtres. Ce qu'elles disaient leur paraissait absurde, et ils n'y croyaient pas. Pierre se leva, courut au sépulcre, et, se baissant, il vit les linges posés tout seuls, et il s'en alla, s'étonnant en lui-même de ce qui était arrivé.

2   Et voici que, ce même jour, deux d'entre eux se rendirent à un village appelé Emmaüs, distant de Jérusalem de soixante stades. Et Ils s'entretenaient ensemble de tout ce qui s'était passé. Pendant qu'ils conversaient et s'interrogeaient ensemble, Jésus lui-même s'approcha et vint avec eux. Mais leurs yeux

étaient frappés de ne pas le connaître. Il leur dit : Quelles sont ces paroles que vous échangez en marchant, et qui vous rendent tristes ? L'un d'eux, nommé Cléopas, lui répondit : Toi seul, tu demeures à Jérusalem, et tu ne sais pas ce qui s'y passe en ces jours-ci ? Il leur dit : Quelles choses ? Ils lui répondirent : Ce qui concerne Jésus de Nazareth, qui était un prophète puissant en action et en parole devant Dieu et devant tout le peuple ; et comment les principaux sacrificateurs et nos magistrats l'ont livré à la mort et l'ont crucifié. Mais nous espérions que c'était lui qui allait racheter Israël. En outre, c'est aujourd'hui le troisième jour que ces choses se sont passées. Nous avons été étonnés par quelques femmes de notre compagnie, qui étaient allées de bonne heure au sépulcre ; et, n'ayant pas trouvé son corps, elles sont venues dire qu'elles avaient eu une vision d'anges qui annonçaient qu'il était vivant. Quelques-uns de ceux qui étaient avec nous allèrent au sépulcre, et le trouvèrent tel que les femmes l'avaient dit ; mais ils ne le virent pas. Alors il leur dit : Hommes insensés et lents de coeur à croire à tout ce qu'il vous a dit. Ne fallait-il pas que le Christ souffrît ces choses, et qu'il entrât dans sa gloire ? Ils approchèrent du village où ils allaient, et Jésus fit mine d'aller plus loin. Mais ils le retinrent, en disant : Restez avec nous, car c'est le soir, et le jour a baissé. Et il entra pour demeurer avec eux. Comme il était couché avec eux, il prit le pain et le bénit, et le brisa, et le leur donna. Leurs yeux s'ouvrirent, ils le reconnurent, et il devint invisible pour eux. Ils se dirent l'un à l'autre : Notre coeur ne brûlait-il pas au-dedans de nous, pendant qu'il nous parlait en chemin ? Ils se levèrent à l'heure même, et retournèrent à Jérusalem. Ils trouvèrent les onze réunis, et ceux qui étaient avec eux, disant : Le Seigneur est vraiment ressuscité, et il est apparu à Simon. Ils racontèrent ce qui s'était passé en chemin, et comment il leur avait été révélé à la fraction du pain.

3   Comme ils parlaient ainsi, Jésus lui-même se présenta au milieu d'eux, et leur dit : La paix soit avec vous ! Mais ils furent saisis de terreur et d'effroi, et crurent voir un fantôme. Il leur dit : Pourquoi êtes-vous troublés ? Pourquoi des pensées s'élèvent-elles dans vos coeurs ? Voyez mes mains et mes pieds, et vous verrez que je suis moi-même ; car un esprit n'a pas de chair et d'os, comme vous voyez que j'en ai. Comme ils étaient encore dans l'incrédulité, dans la joie et l'étonnement, il leur dit : Avez-vous ici quelque chose de mangeable ? Ils lui donnèrent un morceau de poisson grillé et un rayon de miel. Il les prit, et mangea devant eux. Puis il leur dit : Voici les paroles que je vous ai dites, lorsque j'étais encore avec vous : il fallait que le Christ souffrît, qu'il ressuscitât d'entre les morts le troisième jour, et que la repentance et le pardon des péchés fussent prêchés en son nom parmi toutes les nations.

C'est la fin de l'Evangelion.

L'APOSTOLAT
ÉPÎTRES DE PAUL AVEC
PROLOGUES ORIGINAUX

L'ÉPÎTRE DE PAUL AUX GALATES

TEL QUE TRANSCRIT PAR MARCION

Les Galates sont des Grecs. Ils ont d'abord accepté la parole de vérité de l'apôtre, mais après son départ, ils ont été tentés par de faux apôtres de se convertir à la loi et à la circoncision. L'apôtre les rappelle à la foi de la vérité, en leur écrivant d'Éphèse.

CHAPITRE UN

1   Paul, apôtre, non des hommes ni par les hommes, mais par Jésus-Christ, qui s'est ressuscité lui-même d'entre les morts ;

2   Aux Églises de Galatie.

3   Que la grâce et la paix soient avec vous de la part de Dieu le Père et de notre Seigneur Jésus-Christ.

4   Je m'étonne que vous vous détourniez si vite de celui qui vous a appelés par la grâce, pour passer à un autre Évangile :

5   Il n'y en a pas d'autre ; mais il y en a qui vous troublent, et qui veulent pervertir l'Évangile de Christ.

6   Mais si nous vous annonçons, ou si un ange vous annonce un Évangile contraire à celui que vous avez reçu, qu'il soit anathème.

7   Car est-ce que je persuade les hommes ou Dieu ? Ou bien est-ce que je cherche à plaire aux hommes ? Car si je plaisais aux hommes, je ne serais pas le serviteur du Christ.

8   Mais je vous déclare, frères, que l'Évangile que j'ai prêché n'est pas d'après l'homme.

9   Car je ne l'ai pas reçu d'un homme, mais par la révélation de Jésus-Christ.

10 Mais quand il lui plut, lui qui m'a séparé du sein de ma mère et qui m'a appelé à sa grâce,

11 Il a révélé son Fils en moi, pour que je l'annonce parmi les nations ; or, je n'ai pas conféré avec la chair et le sang :

12 Je ne montai point à Jérusalem vers ceux qui avaient été apôtres avant moi ; mais j'allai en Arabie, et je revins à Damas.

13   Trois ans plus tard, je montai à Jérusalem pour voir Céphas, et je demeurai quinze jours avec lui.

14   Je n'ai vu aucun des autres apôtres, si ce n'est Jacques, frère du Seigneur.

15   Or, ce que je vous écris, je ne le mens pas devant Dieu.

16   J'arrivai ensuite dans les régions de Syrie et de Cilicie ;

17   Il était inconnu de visage aux Églises de Judée qui étaient en Christ.

CHAPITRE DEUX

1   Quatorze ans après, je montai de nouveau à Jérusalem avec Barnabé, et j'emmenai Tite avec moi.

2   Je montai par révélation, et je leur communiquai l'Évangile que je prêche parmi les nations.

3   Mais Tite, qui était avec moi, n'a pas non plus été contraint de se faire circoncire, parce qu'il était Grec :

4   Et cela à cause de faux frères introduits à l'improviste, qui sont venus en cachette pour épier la liberté que nous avons en Jésus-Christ, afin de nous réduire en esclavage.

5   Nous n'avons pas cédé une seule heure à la soumission, afin que la vérité de l'Évangile demeurât parmi vous.

6   De ceux qui ont la réputation d'être quelque chose ; quoi qu'ils aient été, cela ne fait aucune différence pour moi. Une personne que Dieu n'accepte pas. Car ils ne m'ont rien donné. Au contraire, ayant vu qu'on m'avait confié l'évangile des incirconcis, et ayant perçu la grâce qui m'a été faite,

7   Jacques, Céphas et Jean, ceux qui étaient réputés être des piliers, nous ont donné, à Barnabé et à moi, les mains droites de la fraternité, afin que nous allions vers les nations, et eux vers la circoncision.

8   Lorsque Céphas vint à Antioche, je lui résistai en face, parce qu'il était à blâmer.

9   Car Jacques, avant d'arriver, mangeait avec les nations. Mais lorsqu'il fut arrivé, il se retira et se sépara, craignant les circoncis.

10   Et les autres Juifs faisaient de même avec lui, au point que Barnabé se laissa entraîner par leur dissimulation.

11   Voyant qu'ils ne marchaient pas droit selon la vérité de l'Évangile, je dis à Céphas, en présence de tous : Si toi, Juif, tu vis à la manière des païens, pourquoi obliges-tu les païens à vivre comme les Juifs ?

12   Nous qui sommes juifs par nature et non païens.

13   Car si je reconstruis ce que j'ai renversé, je me considère comme un transgresseur.

14   Car, par la loi, je suis mort à la loi, afin de vivre pour Dieu.

15 Je suis crucifié avec le Christ, mais je vis ; ce n'est plus moi qui vis, c'est le Christ qui vit en moi. Et la vie que je mène maintenant dans la chair, je la mène par la foi au Dieu et au Christ qui m'a aimé et qui s'est livré pour moi.

16 Je ne contrarie pas la grâce. Car si la justice vient de la loi, alors le Christ est mort pour rien.

CHAPITRE TROIS

1   Galates insensés, qui vous a ensorcelés, vous dont les yeux ont été ouverts sur Jésus-Christ ?

2   Voici seulement ce que je voudrais apprendre de vous : Avez-vous reçu l'Esprit par les oeuvres de la loi, ou par l'ouïe de la foi ?

3   Êtes-vous donc si insensés ? Ayant commencé par l'Esprit, êtes-vous maintenant rendus parfaits par la chair ?

4   Avez-vous souffert tant de choses en vain ? Si c'est en vain.

5   C'est donc lui qui vous communique l'Esprit, et qui fait des miracles au milieu de vous.

6   Apprenez que le juste par la foi vivra.

7   Car tous ceux qui sont sous la loi sont sous la malédiction : maudit soit quiconque ne persévère pas dans la mise en pratique de tout ce qui est écrit dans le livre de la loi.

8   Dans la loi, personne n'est justifié.

9   La loi ne vient pas de la foi ; mais celui qui fait ces choses vivra par elles.

10   Le Christ nous a rachetés de la malédiction de la loi, en devenant malédiction pour nous, selon qu'il est écrit : Maudit est quiconque est pendu au bois,

11   Afin que nous recevions la bénédiction de l'Esprit par la foi.

12   Car vous êtes tous des enfants de la foi, mais c'est en homme que je parle.

CHAPITRE QUATRE

1   Lorsque nous étions bébés, nous étions maintenus sous les éléments du cosmos.

2   Mais lorsque la plénitude des temps fut venue, Dieu envoya son Fils,

3   Pour racheter ceux qui étaient sous la loi, afin que nous recevions la filiation.

4   Et parce que vous êtes fils, il a envoyé son Esprit dans vos coeurs, en criant : Abba, Père.

5   En effet, vous étiez alors asservis à ceux qui ne sont pas des dieux par nature.

6   Mais maintenant que vous avez connu Dieu, ou plutôt que vous êtes connus de Dieu, comment retournez-vous aux

éléments faibles et mendiants, auxquels vous voulez de nouveau être asservis ?

7   Vous observez des jours, des mois, des temps, des années, des sabbats, je suppose, de maigres repas, des jeûnes et des jours de fête.

8   J'ai peur de vous, de peur que ce ne soit en vain que je travaille pour vous.

9   Frères, je vous en conjure, soyez comme je suis, car je suis comme vous êtes : vous ne m'avez fait aucun tort.

10   Vous savez que c'est par la faiblesse de la chair que je vous ai annoncé l'Évangile dès le début.

11   Vous n'avez pas dédaigné ni rejeté avec mépris la tentation qui était en ma chair, mais vous m'avez reçu comme un ange de Dieu, comme le Christ Jésus.

12   Où est donc votre bonheur ? Car je vous rends témoignage que, s'il était possible, vous vous seriez arraché les yeux, et que vous me les auriez donnés.

13   Je suis donc devenu votre ennemi en vous disant la vérité ?

14   Ils sont zélés à votre égard, non pas à juste titre, mais ils veulent vous exclure,

15   qui, zélé en tout temps, et pas seulement quand je suis présent avec vous.

16 Mes petits enfants, pour lesquels je travaille encore jusqu'à ce que le Christ soit formé en vous,

17 Mais je désirais être présent avec vous maintenant, et changer de voix, car je suis perplexe en vous.

18 Dites-moi, vous qui voulez être sous la loi, la loi n'entendez-vous pas ?

19 Car il est écrit qu'Abraham eut deux fils, l'un de la servante, l'autre de la femme libre.

20 Il est né de la femme esclave, selon la chair, et il est né de la femme libre, selon la promesse.

21 Ces choses sont allégoriques, car il y a deux alliances, l'une depuis le mont Sinaï jusqu'à la synagogue des Juifs, d'après la loi, engendre la servitude ;

22 Mais l'autre engendre au-dessus de toutes les puissances, le pouvoir, la seigneurie et tous les noms qui sont nommés non seulement dans cet éon, mais aussi dans l'éon à venir, qui est notre mère.

23 Ainsi donc, frères, ce n'est pas de la servitude que nous sommes les enfants, mais de la liberté.

CHAPITRE CINQ

1 Dans la liberté dont le Christ nous a affranchis, demeurez fermes et ne vous laissez pas entraîner de nouveau sous le joug de la servitude.

2   Voici, je vous le dis, moi Paul, si vous êtes circoncis, le Christ ne vous servira de rien.

3   Mais je déclare encore que l'homme circoncis est débiteur de toute la loi.

4   Il est exempt de la marque de la servitude. Si vous êtes justifiés par la loi, vous êtes déchus de la grâce.

5   Car c'est par la foi que nous attendons de l'Esprit l'espérance de la justice.

6   Vous avez bien couru ; qui vous a empêchés d'obéir à la vérité ?

7   Cette persuasion ne vient pas de celui qui vous appelle.

8   Un peu de levain corrompt tout le pain.

9   J'ai confiance en vous, et je sais que vous n'aurez pas d'arrière-pensée ; mais celui qui vous trouble portera le jugement, quel qu'il soit.

10 Mais moi, frères, si je prêche encore la circoncision, pourquoi suis-je persécuté ? Alors a été aboli le scandale de la croix.

11 Je dirais même qu'ils se castrent eux-mêmes ce qui vous jette dans la confusion !

12 Vous avez été appelés à la liberté, frères ; mais ne vous servez pas de la liberté pour exciter la chair, mais servez-vous les uns les autres par amour.

13 Car toute la loi est accomplie en vous : Tu aimeras ton prochain comme toi-même.

14 Si vous vous mordez et vous dévorez les uns les autres, prenez garde de ne pas être dévorés les uns par les autres.

15 Mais moi je dis : Marchez selon l'Esprit, et vous n'accomplirez en rien la convoitise de la chair.

16 Car la chair a des désirs contre l'Esprit, et l'Esprit contre la chair ; ces choses sont opposées l'une à l'autre, afin que vous ne fassiez pas ce que vous voulez.

17 Mais si vous êtes conduits par l'Esprit, vous n'êtes pas sous la loi.

18 Or, les œuvres de la chair sont manifestes : ce sont l'impudicité, l'impureté, la licence,

19 Idolâtrie, la sorcellerie, inimitiés, querelles, les jalousies, les indignations, les contestations, les divisions, les sectes,

20 La jalousie, l'ivrognerie, les réjouissances, et les choses semblables, au sujet desquelles je vous ai déjà dit, comme auparavant, que ceux qui font de telles choses n'hériteront pas du royaume de Dieu.

21 Mais le fruit de l'Esprit, c'est l'amour, la joie, la paix, la longanimité, la douceur, la bonté, la foi,

22 la douceur, la maîtrise de soi : il n'y a pas de loi contre cela.

23 Et ceux qui appartiennent au Christ ont crucifié la chair avec ses affections et ses convoitises.

24 Si nous vivons dans l'Esprit, nous devons aussi marcher dans l'Esprit.

25 Ne recherchons pas la vaine gloire, ne nous provoquons pas les uns les autres, ne nous portons pas envie les uns aux autres.

CHAPITRE SIX

1 Frères, si quelqu'un est surpris par une faute, vous qui êtes spirituels, rétablissez-le dans un esprit de douceur, en vous appliquant à ne pas être tentés à votre tour.

2 Portez les fardeaux les uns des autres, et accomplissez ainsi la loi du Christ.

3 Car si quelqu'un se croit quelque chose, alors qu'il n'est rien, il se trompe lui-même.

4 Mais qu'il prouve l'oeuvre de lui-même, et c'est alors à lui seul qu'il s'enorgueillira, et non à un autre.

5 Car chacun portera son propre fardeau.

6 Mais que celui qui est instruit dans la parole communique à celui qui enseigne.

7 Ne vous y trompez pas, on ne se moque pas de Dieu, car tout ce qu'un homme aura semé, il le moissonnera aussi.

8   Car celui qui sème dans la chair à partir de la chair moissonnera la corruption, mais celui qui sème dans l'Esprit à partir de l'Esprit moissonnera la vie éonienne.

9   Mais en faisant bien, nous ne devons pas perdre courage.

10   Et quand nous en avons l'occasion, faisons le bien, car nous récolterons en temps voulu.

11   Vous voyez que je vous ai écrit de ma main en gros caractères.

12   Tous ceux qui veulent faire bonne figure dans la chair vous obligent à vous faire circoncire ;

13   Car ce ne sont pas les circoncis eux-mêmes qui gardent la loi, mais ils veulent vous faire circoncire, afin de se glorifier dans votre chair.

14   Mais que Dieu me garde de me glorifier autrement que par la croix de notre Seigneur Jésus-Christ, par laquelle le monde est crucifié pour moi, et moi pour le monde.

15   Pour le reste, que personne ne me fasse de difficultés, car je porte dans mon corps les marques du Christ.

16   Que la grâce de notre Seigneur Jésus-Christ soit avec votre esprit, mes frères. Amen.

L'ÉPÎTRE DE PAUL AUX ROMAINS

TEL QUE TRANSCRIT PAR MARCION

Les Romains se trouvent dans les régions d'Italie. Ils ont été atteints par de faux apôtres et, sous le nom de notre Seigneur Jésus-Christ, ils ont été entraînés vers la loi et les prophètes. L'apôtre les appelle à revenir à la vraie foi évangélique, en leur écrivant de Corinthe.

CHAPITRE UN

1   Paul, esclave de Jésus-Christ, appelé à être apôtre, mis à part pour l'Évangile de Dieu ;

2   à tous ceux qui sont à Rome, bien-aimés de Dieu, appelés à être saints : grâce et paix de la part de Dieu notre père et du Seigneur Jésus-Christ.

3   Tout d'abord, je remercie mon Dieu par Jésus-Christ pour vous tous, car votre foi est célébrée dans le monde entier.

4   Car Dieu m'est témoin, lui que je sers en esprit dans l'Évangile de son fils, que sans cesse je fais mention de vous,

5   toujours dans mes prières, demandant si, d'une manière ou d'une autre, un jour ou l'autre, je pourrais réussir, par la volonté de Dieu, à venir jusqu'à vous.

6   Car j'ai hâte de vous voir pour partager avec vous un don spirituel, pour vous fortifier.

7   C'est pour que nous soyons réconfortés ensemble, parmi vous, par la foi qui est en chacun, la vôtre et la mienne.

8   Je ne veux pas que vous ignoriez, frères, que j'ai eu souvent l'intention d'aller chez vous, et que j'en ai été empêché jusqu'à présent, afin de porter du fruit parmi vous aussi, et parmi les autres païens.

9   Je suis redevable aux Grecs comme aux barbares, aux sages comme aux simples.

10 Il est donc préférable pour moi de vous annoncer l'Évangile à vous aussi, ceux qui sont à Rome.

11 Je n'ai pas honte de l'Évangile, car il est la puissance de Dieu pour le salut de tous les fidèles, du Juif et du Grec.

12 Car c'est en elle que se révèle la justice de Dieu, de foi en foi.

13 La colère du ciel se manifeste aussi contre l'irrévérence et l'injustice des hommes qui, par leur injustice, suppriment la vérité.

CHAPITRE DEUX

1   Nous voyons ainsi que le jugement de Dieu se fonde sur la vérité.

2   Car il n'y a pas de favoritisme avec Dieu. Celui qui a transgressé sans la loi périra aussi sans la loi, et celui qui a transgressé avec la loi sera jugé par la loi.

3   Car ce ne sont pas ceux qui écoutent la loi qui sont justes devant Dieu, mais ceux qui la mettent en pratique qui seront justifiés,

4   En effet, si les païens, qui ne sont pas soumis à la loi par nature, peuvent faire ce qui est prescrit par la loi, les païens qui ne sont pas soumis à la loi sont une loi pour eux-mêmes.

5   Ils montrent l'œuvre de la loi écrite dans leur cœur, leur conscience témoignant avec eux, leur pensée les accusant ou même les défendant.

6   au jour où Dieu jugera les secrets des hommes, par le Christ, selon mon Évangile.

7   Si tu es appelé Juif, si tu t'appuies sur la loi, et si tu te glorifies en Dieu,

8   et de connaître la volonté de Dieu, et de discerner les choses importantes, en étant enseignés en dehors de la loi,

9   si vous avez aussi l'assurance d'être un guide pour les aveugles, une lumière pour ceux qui sont dans les ténèbres,

10 un éducateur d'ignorants, un maître d'enfants, ayant l'apparence de la connaissance et de la vérité de la loi,

11 Celui qui enseigne à un autre, ne s'enseigne-t-il pas lui--même ? Celui qui prêche de ne pas voler, est-ce que tu voles ?

12 Celui qui dit de ne pas commettre l'adultère, commet-il l'adultère ? Celui qui déteste les idoles, commets-tu un sacrilège ?

13 Qui se glorifie de la loi ? Déshonorez-vous Dieu en violant la loi ?

14 Car le nom de Dieu est blasphémé à cause de vous, comme il a été écrit.

15 En effet, la circoncision est salutaire, si tu observes la loi ; mais si tu transgresses la loi, ta circoncision est devenue incirconcision.

16 En effet, celui qui se présente extérieurement comme juif n'est pas vraiment juif, et la vraie circoncision n'est pas dans l'apparence extérieure de la chair.

17 Mais celui qui est vraiment juif l'est intérieurement, et la vraie circoncision est celle du cœur, de l'esprit et non de la lettre, dont la louange ne vient pas des hommes, mais de Dieu.

CHAPITRE TROIS

1 Or, nous savons que ce que dit la loi, elle le dit à ceux qui sont soumis à la loi, afin que toute bouche soit fermée et que le monde entier devienne responsable.

2   C'est pourquoi toute chair ne sera pas justifiée par les œuvres de la loi, car c'est par la loi que l'on reconnaît la transgression.

CHAPITRE QUATRE

1   Étant donc justifiés par la foi, nous avons la paix avec Dieu par notre Seigneur Jésus-Christ ;

2   par lequel nous avons aussi accès, par la foi, à cette grâce dans laquelle nous nous trouvons. Nous nous réjouissons dans l'espérance de la gloire de Dieu.

3   Non seulement cela, mais nous nous réjouissons aussi de nos souffrances, sachant que les souffrances engendrent la persévérance ;

4   et la persévérance, le caractère éprouvé ; et le caractère éprouvé, l'espérance :

5   et l'espérance ne nous déçoit pas, car l'amour de Dieu a été répandu dans nos cœurs par l›Esprit Saint qui nous a été donné.

6   En effet, alors que nous étions encore faibles, le Christ est mort pour les impies au moment opportun.

7   En effet, on ne meurt guère pour un juste. Mais peut-être que pour un juste, quelqu'un oserait même mourir.

8   Mais Dieu nous recommande son propre amour, en ce que, alors que nous étions encore pécheurs, le Christ est mort pour nous.

9 À plus forte raison, étant maintenant justifiés par son sang, serons-nous sauvés par lui de la colère de Dieu.

10 En effet, si, alors que nous étions ennemis, nous avons été réconciliés avec Dieu par la mort de son Fils, à plus forte raison, étant réconciliés, serons-nous sauvés par sa vie.

11 Non seulement cela, mais nous nous réjouissons aussi en Dieu par notre Seigneur Jésus-Christ, par qui nous avons maintenant reçu la réconciliation.

12 C'est pourquoi, comme le péché est entré dans le monde par un seul homme, et la mort par le péché, ainsi la mort a passé à tous les hommes, parce que tous ont péché.

13 En effet, avant la loi, le péché était dans le monde ; mais le péché n'est pas imputé quand il n'y a pas de loi.

14 Cependant la mort a régné depuis Adam jusqu'à Moïse, même sur ceux dont les péchés n'ont pas été semblables à la désobéissance d'Adam, qui est une préfiguration de celui qui devait venir.

15 Mais le don gratuit n'est pas comme l'offense. Car si, par la faute d'un seul, la multitude est morte, à plus forte raison la grâce de Dieu et le don par la grâce d'un seul homme, Jésus--Christ, ont-ils abondé pour la multitude.

16 Le don n'est pas comme celui d'un seul qui a péché ; car le jugement est venu par un seul pour la condamnation, mais le don gratuit est venu par plusieurs offenses pour la justification.

17 Car si, par la faute d'un seul, la mort a régné par un seul, à plus forte raison ceux qui reçoivent l'abondance de la grâce et du don de la justice régneront-ils dans la vie par un seul, Jésus-Christ.

18 Ainsi, de même que par une seule faute, tous les hommes ont été condamnés, de même par un seul acte de justice, tous les hommes ont été justifiés pour la vie.

19 En effet, de même que, par la désobéissance d'un seul homme, beaucoup ont été rendus pécheurs, de même, par l'obéissance d'un seul, beaucoup seront rendus justes.

20 La loi est venue en outre, pour que la faute abondât ; mais là où le péché a abondé, la grâce a surabondé ;

21 afin que, de même que le péché a régné par la mort, de même la grâce règne par la justice pour la vie éternelle, par Jésus-Christ notre Seigneur.

CHAPITRE CINQ

1 Que dirons-nous alors ? Continuons-nous à pécher pour que la grâce abonde ?

2 Qu'il n'en soit jamais ainsi ! Nous qui sommes morts au péché, comment pourrions-nous encore y vivre ?

3 Ne savez-vous pas que tous ceux qui ont été baptisés dans le Christ Jésus ont été baptisés dans sa mort ?

4 Nous avons donc été ensevelis avec lui par le baptême pour la mort, afin que, comme le Christ est ressuscité des morts

par la gloire du Père, nous marchions, nous aussi, en nouveauté de vie.

5   En effet, si nous nous sommes unis à lui dans la ressemblance de sa mort, nous aurons aussi part à sa résurrection ;

6   sachant que notre vieil homme a été crucifié avec lui, afin que le corps du péché soit détruit et que nous ne soyons plus esclaves du péché.

7   Car celui qui est mort est libéré du péché.

8   Mais si nous sommes morts avec le Christ, nous croyons que nous vivrons aussi avec lui ;

9   sachant que le Christ, ressuscité des morts, ne meurt plus. La mort ne domine plus sur lui !

10   Car la mort dont il est mort, c'est au péché qu'il est mort une fois ; mais la vie qu'il mène, c'est à Dieu qu'il la mène.

11   Considérez-vous donc comme morts au péché, mais vivants pour Dieu dans le Christ Jésus notre Seigneur.

12   Ne laissez donc pas le péché régner dans votre corps mortel, pour lui obéir dans ses convoitises.

13   Ne présentez pas vos membres au péché comme des instruments d'injustice, mais présentez-vous à Dieu comme vivants d'entre les morts, et vos membres comme des instruments de justice pour Dieu.

14   Car le péché ne dominera pas sur vous. Car vous n'êtes pas sous la loi, mais sous la grâce.

15   Qu'en est-il alors ? Pécherons-nous parce que nous ne sommes pas sous la loi, mais sous la grâce ? Qu'il n'en soit jamais ainsi !

16   Ne savez-vous pas que celui à qui vous vous présentez comme serviteurs de l'obéissance, vous êtes ses serviteurs à qui vous obéissez, soit du péché à la mort, soit de l'obéissance à la justice ?

17   Mais grâces soient rendues à Dieu de ce que, alors que vous étiez esclaves du péché, vous avez obéi du fond du cœur à l'enseignement auquel vous aviez été soumis.

18   Libérés du péché, vous êtes devenus esclaves de la justice.

19   Je parle en termes humains, à cause de la faiblesse de votre chair ; car, de même que vous avez livré vos membres à l'impureté et à la méchanceté par-dessus la méchanceté, ainsi présentez maintenant vos membres comme des serviteurs de la justice pour la sanctification.

20   En effet, lorsque vous étiez esclaves du péché, vous étiez libres à l'égard de la justice.

21   Quel fruit avez-vous donc eu en ce temps-là dans les choses dont vous avez maintenant honte ? Car la fin de ces choses, c'est la mort.

22   Mais maintenant, libérés du péché et devenus serviteurs de Dieu, vous avez le fruit de la sanctification et le résultat de la vie éternelle.

23   Car le salaire du péché, c'est la mort, mais le don gratuit de Dieu, c'est la vie éternelle dans le Christ Jésus notre Seigneur.

CHAPITRE SIX

1   Ne savez-vous pas, frères, car je parle à des hommes qui connaissent la loi, que la loi domine sur l'homme aussi long-temps qu'il vit ?

2   En effet, la femme qui a un mari est liée par la loi à son mari tant qu'il vit ; mais si le mari meurt, elle est libérée de la loi du mari.

3   Si donc, du vivant du mari, elle s'unit à un autre homme, elle sera appelée adultère. Mais si le mari meurt, elle est affran-chie de la loi, de sorte qu'elle n'est pas adultère, même si elle s'est unie à un autre homme.

4   C'est pourquoi, mes frères, vous aussi, vous êtes morts à la loi par le corps du Christ, afin d'être unis à un autre, à celui qui est ressuscité d'entre les morts, pour porter du fruit pour Dieu.

5   En effet, lorsque nous étions dans la chair, les passions du péché, qui étaient dues à la loi, agissaient dans nos membres pour porter des fruits de mort.

6   Mais maintenant, nous avons été libérés de la loi, étant morts à ce qui nous retenait, de sorte que nous servons dans un esprit nouveau, et non dans la vieillesse de la lettre.

7   Que dirons-nous alors ? La loi est-elle un péché ? Qu'elle ne le soit jamais ! Cependant, je n'aurais pas connu le péché, si

ce n'est par la loi. Car je n'aurais pas connu la convoitise, si la loi n'avait dit : Tu ne convoiteras point.

8   Mais le péché, trouvant son occasion dans le commandement, a produit en moi toutes sortes de convoitises. Car, en dehors de la loi, le péché est mort.

9   J'ai vécu en dehors de la loi, mais lorsque le commandement est arrivé, le péché a repris le dessus et je suis mort.

10   Le commandement qui était pour la vie, je l'ai trouvé pour la mort ;

11   car le péché, trouvant une occasion dans le commandement, m'a séduit, et par lui m'a tué.

12   C'est pourquoi la loi en effet est sainte, et le commandement est saint, juste et bon.

13   Ce qui est bon est-il devenu une mort pour moi ? Qu'il ne le soit jamais ! Mais le péché, afin qu'il soit reconnu comme péché, en me faisant mourir par ce qui est bon, afin que, par le commandement, le péché devienne plus grand que le péché.

14   Car nous savons que la loi est spirituelle, mais moi je suis charnel, vendu sous le péché.

15   Car je ne sais pas ce que je fais. Je ne pratique pas ce que je veux faire, mais je fais ce que je déteste.

16   Mais si ce que je ne désire pas, je le fais, je consens à la loi qu'elle soit bonne.

17 Ainsi, ce n'est plus moi qui le fais, mais le péché qui habite en moi.

18 Car je sais qu'en moi, c'est-à-dire dans ma chair, n'habite aucun bien. Le désir est présent en moi, mais je ne le trouve pas en train de faire ce qui est bon.

19 Car le bien que je désire, je ne le fais pas ; mais le mal que je ne désire pas, je le pratique.

20 Mais si je fais ce que je ne veux pas, ce n'est plus moi qui le fais, c'est le péché qui habite en moi.

21 Je trouve donc la loi qui veut que, pour moi, alors que je veux faire le bien, le mal est présent.

22 Car je prends plaisir à la loi de Dieu selon l'homme intérieur,

23 mais je vois dans mes membres une loi différente, qui combat la loi de mon intelligence, et qui me rend captif de la loi du péché qui est dans mes membres.

24 Quel malheureux je suis ! Qui me délivrera du corps de cette mort ?

25 Je remercie Dieu par Jésus-Christ, notre Seigneur ! Ainsi donc, par l'esprit, je sers la loi de Dieu, mais par la chair, la loi du péché. du péché du péché.

CHAPITRE SEPT

1   Il n'y a donc maintenant aucune condamnation pour ceux qui sont dans le Christ Jésus, qui ne marchent pas selon la chair, mais selon l'Esprit.

2   Car la loi de l'Esprit de vie dans le Christ Jésus m'a libéré de la loi du péché et de la mort.

3   En effet, ce que la loi ne pouvait faire, parce qu'elle était faible par la chair, Dieu l'a fait en envoyant son propre Fils, qui a pris la forme d'une chair pécheresse et qui a condamné le péché dans la chair ;

4   afin que l'ordonnance de la loi soit accomplie en nous, qui marchons non selon la chair, mais selon l'Esprit.

5   En effet, ceux qui vivent selon la chair s'attachent aux choses de la chair, mais ceux qui vivent selon l'Esprit s'attachent aux choses de l'Esprit.

6   Car la pensée de la chair, c'est la mort, mais la pensée de l'Esprit, c'est la vie et la paix ;

7   parce que l'esprit de la chair est hostile à Dieu, car il n'est pas soumis à la loi de Dieu et ne peut l'être.

8   Ceux qui sont dans la chair ne peuvent pas plaire à Dieu.

9   Vous n'êtes pas dans la chair, mais dans l'Esprit, si l'Esprit de Dieu habite en vous. Si quelqu'un n'a pas l'Esprit du Christ, il ne lui appartient pas.

10 Si le Christ est en vous, le corps est mort à cause du péché, mais l'esprit est vivant à cause de la justice.

11 Mais si l'Esprit de celui qui a ressuscité Jésus d'entre les morts habite en vous, celui qui a ressuscité le Christ Jésus d'entre les morts donnera aussi la vie à vos corps mortels par l'Esprit qui habite en vous.

12 Ainsi donc, frères, nous ne sommes pas redevables à la chair de vivre selon la chair.

13 Car si vous vivez selon la chair, vous devez mourir ; mais si vous faites mourir par l'Esprit les actions du corps, vous vivrez.

14 En effet, tous ceux qui sont conduits par l'Esprit de Dieu sont des enfants de Dieu.

15 En effet, vous n'avez pas reçu l'esprit de servitude qui vous ramène à la crainte, mais vous avez reçu l'Esprit d'adoption, par lequel nous crions : Abba ! Père !

16 L'Esprit lui-même atteste par notre esprit que nous sommes enfants de Dieu ;

17 Si nous sommes enfants, nous sommes héritiers, héritiers de Dieu et cohéritiers du Christ, si nous souffrons avec lui, c'est pour être glorifiés avec lui.

18 Car j'estime que les souffrances du temps présent ne sont pas dignes d'être comparées à la gloire qui sera révélée pour nous.

19 Car la création attend avec impatience la révélation des enfants de Dieu.

20 En effet, la création a été soumise à la vanité, non par sa propre volonté, mais à cause de celui qui l'a soumise, dans l'espérance

21 que la création elle-même sera délivrée de l'esclavage de la décomposition pour entrer dans la liberté de la gloire des enfants de Dieu.

22 Nous savons en effet que la création tout entière gémit et souffre jusqu'à présent.

23 Non seulement cela, mais nous aussi, qui avons les prémices de l'Esprit, nous gémissons en nous-mêmes, attendant l'adoption, la rédemption de notre corps.

24 Car c'est en espérance que nous avons été sauvés, mais une espérance qui se voit n'est pas une espérance. En effet, qui espère ce qu'il voit ?

25 Mais si nous espérons ce que nous ne voyons pas, nous l'attendons avec patience.

26 De même, l'Esprit vient en aide à nos faiblesses, car nous ne savons pas prier comme nous le devrions. Mais l'Esprit lui-même intercède pour nous avec des gémissements inexprimables.

27 Celui qui sonde les cœurs sait ce que pense l'Esprit, parce qu'il intercède pour les saints selon Dieu.

28 Nous savons que toutes choses concourent au bien de ceux qui aiment Dieu, de ceux qui sont appelés selon son dessein.

29   Car ceux qu'il a connus d'avance, il les a aussi prédestinés à être conformes à l'image de son Fils, afin que celui-ci soit le premier-né d'une multitude de frères.

30   Ceux qu'il a prédestinés, il les a aussi appelés. Ceux qu'il a appelés, il les a aussi justifiés. Ceux qu'il a justifiés, il les a aussi glorifiés.

31   Que dire alors de ces choses ? Si Dieu est pour nous, qui peut être contre nous ?

32   Lui qui n'a pas épargné son propre Fils, mais qui l'a livré pour nous tous, comment ne nous donnerait-il pas aussi toutes choses avec lui ?

33   Qui pourrait porter plainte contre les élus de Dieu ? C'est Dieu qui justifie.

34   Qui est celui qui condamne ? C'est le Christ qui est mort, ressuscité d'entre les morts, qui est à la droite de Dieu et qui intercède pour nous.

35   Qui nous séparera de l'amour du Christ ? L'oppression, l'angoisse, la persécution, la famine, la nudité, le péril ou l'épée ?

36   Comme il est écrit : C'est à cause de toi qu'on nous tue tout le jour. Nous sommes considérés comme des brebis destinées à la boucherie.

37   Non, en toutes ces choses, nous sommes plus que vainqueurs par celui qui nous a aimés.

38 Car j'ai la conviction que ni la mort, ni la vie, ni les anges, ni les principautés, ni les choses présentes, ni les choses à venir, ni les puissances,

39 ni hauteur, ni profondeur, ni aucune autre chose créée ne pourra nous séparer de l'amour de Dieu qui est dans le Christ Jésus notre Seigneur.

CHAPITRE HUIT

1 Frères, le désir de mon cœur et ma prière à Dieu sont pour Israël, afin qu'il soit sauvé.

2 Car je témoigne à leur sujet qu'ils ont du zèle pour Dieu, mais non de la connaissance.

3 En effet, ignorant la justice de Dieu et cherchant à établir leur propre justice, ils ne se sont pas soumis à la justice de Dieu.

4 Car le Christ est l'accomplissement de la loi pour la justice de tous ceux qui croient.

CHAPITRE NEUF

1 Oh ! la profondeur des richesses de la sagesse et de la connaissance de Dieu ! Comme ses jugements sont insondables et ses voies difficiles à tracer !

2 Car qui a connu la pensée du Seigneur ? Qui a été son conseiller ?

3   Ou qui lui a d'abord donné, et qui lui sera rendu à nouveau ?

4   Car c'est de lui, par lui et pour lui que sont toutes choses.
À lui la gloire pour l'éternité ! Amen.

CHAPITRE DIX

1   Je vous exhorte donc, frères, par la miséricorde de Dieu, à
présenter vos corps comme un sacrifice vivant, saint, agréable à
Dieu, ce qui est votre service spirituel.

2   Ne vous conformez pas au monde présent, mais soyez
transformés par le renouvellement de votre intelligence, afin
que vous puissiez découvrir quelle est la volonté de Dieu,
bonne, agréable et parfaite.

3   Car, par la grâce qui m'a été donnée, je dis à chacun de
vous de ne pas se faire une idée trop haute de lui-même, mais
d'avoir une idée raisonnable, selon la mesure de foi que Dieu a
départie à chacun.

4   En effet, de même que nous avons plusieurs membres
dans un seul corps, et que tous les membres n'ont pas la même
fonction, de même nous avons plusieurs membres dans un seul
corps, et que tous les membres n'ont pas la même fonction,

5   Ainsi, nous qui sommes plusieurs, nous formons un seul
corps en Christ, et nous sommes membres les uns des autres.

6   Ayant des dons différents selon la grâce qui nous a été
donnée, si nous prophétisons, prophétisons selon la proportion
de notre foi ;

7   ou au service, donnons-nous au service ; ou à celui qui enseigne, à son enseignement ;

8   ou celui qui exhorte, à son exhortation ; celui qui donne, qu'il le fasse avec libéralité ; celui qui gouverne, qu'il le fasse avec diligence ; celui qui fait miséricorde, qu'il le fasse avec joie.

9   Que l'amour soit sans hypocrisie. Abhorrez ce qui est mauvais. Attachez-vous à ce qui est bon.

10 Dans l'amour des frères, soyez tendres les uns envers les autres ; dans l'honneur, préférez-vous les uns les autres ;

11 sans relâche, avec un esprit fervent, au service du Seigneur ;

12 se réjouir dans l'espérance, persévérer dans la détresse, persévérer dans la prière ;

13 en contribuant aux besoins des saints ; en pratiquant l'hospitalité.

14 Bénissez ceux qui vous persécutent, bénissez et ne maudissez pas.

15 Réjouissez-vous avec ceux qui se réjouissent. Pleurez avec ceux qui pleurent.

16 Ayez les mêmes sentiments les uns envers les autres. Ne vous attachez pas à des choses élevées, mais associez-vous aux humbles. Ne vous laissez pas guider par vos propres idées.

17 Ne rendez à personne le mal pour le mal. Respectez ce qui est honorable aux yeux de tous les hommes.

18 Si c'est possible, autant que cela dépend de vous, soyez en paix avec tous les hommes.

19 Ne vous vengez pas vous-mêmes, bien-aimés, mais laissez agir la colère de Dieu. Car il est écrit : A moi la vengeance, à moi la rétribution, dit le Seigneur.

20 Si votre ennemi a faim, donnez-lui à manger ; s'il a soif, donnez-lui à boire. S'il a soif, donne-lui à boire, car tu amasseras ainsi des charbons ardents sur sa tête.

21 Ne vous laissez pas vaincre par le mal, mais surmontez le mal par le bien.

CHAPITRE ONZE

1 Que toute âme soit soumise aux autorités supérieures, car il n'y a d'autorité que de Dieu, et celles qui existent sont ordonnées par Dieu.

2 C'est pourquoi celui qui résiste à l'autorité, résiste à l'ordonnance de Dieu ; et ceux qui résistent recevront le jugement pour eux-mêmes.

3 Car les chefs ne sont pas une terreur pour les bonnes œuvres, mais pour les mauvaises. Voulez-vous ne pas craindre l'autorité ? Faites ce qui est bien, et vous en serez loués,

4 car il est pour vous le serviteur de Dieu pour le bien. Mais si tu fais le mal, crains, car ce n'est pas en vain qu'il porte l'épée, car il est serviteur de Dieu, vengeur de la colère de celui qui fait le mal.

5   C'est pourquoi vous devez être soumis, non seulement à cause de la colère, mais aussi pour le bien de la conscience.

6   C'est pourquoi vous payez aussi des impôts, car ce sont des serviteurs du service de Dieu, qui s'occupent continuellement de cela.

7   Rendez donc à chacun ce que vous lui devez : les impôts à qui les impôts sont dus ; les coutumes à qui les coutumes ; le respect à qui le respect ; l'honneur à qui l'honneur.

8   Ne devez rien à personne, si ce n'est de vous aimer les uns les autres ; car celui qui aime son prochain a accompli la loi.

9   En effet, les commandements «Tu ne commettras pas d'adultère», «Tu ne commettras pas de meurtre», «Tu ne voleras pas», «Tu ne porteras pas de faux témoignage», «Tu ne convoiteras pas», et tous les autres commandements, se résument tous à cette parole : «Tu aimeras ton prochain comme toi-même».

10 L'amour ne fait pas de mal au prochain. L'amour est donc l'accomplissement de la loi.

11 Faites-le en sachant qu'il est déjà temps pour vous de vous réveiller du sommeil, car le salut est maintenant plus proche de nous que lorsque nous avons cru pour la première fois.

12 La nuit est avancée, et le jour est proche. Dépouillons--nous donc des œuvres des ténèbres, et revêtons l'armure de la lumière.

13 Marchons correctement, comme au jour, sans nous livrer à des réjouissances et à l'ivrognerie, sans nous livrer à la pro-

miscuité sexuelle et à des actes de luxure, sans nous quereller et nous jalouser.

14 Mais revêtez-vous du Seigneur Jésus-Christ, et ne faites pas de cas de la chair, de ses convoitises.

CHAPITRE DOUZE

1 Acceptez maintenant celui qui est faible dans la foi, mais pas pour des disputes d'opinions.

2 Un homme a la foi pour manger de tout, mais celui qui est faible ne mange que des légumes.

3 Que celui qui mange ne méprise pas celui qui ne mange pas. Que celui qui ne mange pas ne juge pas celui qui mange, car Dieu l'a accueilli.

4 Qui êtes-vous pour juger le serviteur d'autrui ? C'est à son propre seigneur qu'il appartient ou qu'il échoue. Oui, il sera mis debout, car Dieu a le pouvoir de le mettre debout.

5 Un homme considère qu'un jour est plus important qu'un autre. Un autre estime que tous les jours se valent. Que chacun soit pleinement rassuré dans son esprit.

6 Celui qui observe le jour, l'observe pour le Seigneur ; et celui qui n'observe pas le jour, l'observe pour le Seigneur. Celui qui mange, mange pour le Seigneur, car il rend grâce à Dieu. Celui qui ne mange pas, c'est au Seigneur qu'il ne mange pas, et c'est à Dieu qu'il rend grâces.

7   En effet, aucun d'entre nous ne vit pour lui-même et aucun ne meurt pour lui-même.

8   Car si nous vivons, nous vivons pour le Seigneur. Ou si nous mourons, nous mourons au Seigneur. Si donc nous vivons ou mourons, nous sommes au Seigneur.

9   C'est à cette fin que le Christ est mort, ressuscité et qu'il a vécu de nouveau, afin d'être le Seigneur des morts et des vivants.

10   Mais toi, pourquoi juges-tu ton frère ? Et toi, pourquoi méprises-tu ton frère ? Car nous comparaîtrons tous devant le tribunal du Christ.

11   Car il est écrit : «Je suis vivant, dit le Seigneur, devant moi tout genou fléchira, toute langue confessera Dieu». Toute langue confessera Dieu.

12   Ainsi, chacun de nous rendra compte de lui-même à Dieu.

13   Ne nous jugeons donc plus les uns les autres, mais veillez plutôt à ce que personne ne mette sur le chemin de son frère une pierre d'achoppement ou une occasion de chute.

14   Je sais, et je suis persuadé dans le Seigneur Jésus, que rien n'est impur en soi, si ce n'est que pour celui qui considère une chose comme impure, cette chose est impure pour lui.

15   Mais si, à cause de la nourriture, votre frère est attristé, vous ne marchez plus dans l'amour. Ne détruisez pas par votre nourriture celui pour qui le Christ est mort.

16   Ne laissez donc pas votre bien être être calomnié,

17   car le Royaume de Dieu, ce n'est pas le manger et le boire, mais la justice, la paix et la joie dans l'Esprit Saint.

18   Car celui qui sert le Christ en ces choses est agréable à Dieu et approuvé par les hommes.

19   Recherchons donc ce qui favorise la paix et ce qui nous permet de nous édifier les uns les autres.

20   Ne détruisez pas l'œuvre de Dieu pour l'amour de la nourriture. Tout est pur, mais c'est un mal pour l'homme qui crée une pierre d'achoppement en mangeant.

21   Il est bon de ne pas manger de viande, de ne pas boire de vin et de ne rien faire qui puisse faire trébucher, offenser ou affaiblir ton frère.

22   Avez-vous la foi ? Ayez-la pour vous devant Dieu. Heureux celui qui ne se juge pas lui-même dans ce qu'il approuve.

23   Mais celui qui doute est condamné s'il mange, parce que ce n'est pas de la foi ; or, tout ce qui n'est pas de la foi est péché.

LA PREMIÈRE ÉPÎTRE DE PAUL AUX CORINTHIENS

TEL QUE TRANSCRIT PAR MARCION

Les Corinthiens sont des Achéens. Ils ont eux aussi reçu des apôtres la parole de vérité, puis ils ont été détournés de bien des manières par de faux apôtres, les uns entraînés par l'éloquence verbeuse de la philosophie, les autres par une secte de la loi juive. Il les appelle à revenir à la sagesse véritable et évangélique, en leur écrivant d'Éphèse par l'intermédiaire de Timothée.

CHAPITRE UN

1   Paul, appelé à être apôtre de Jésus-Christ par la volonté de Dieu, et Timothée, notre frère,

2   À l'Église de Dieu qui est à Corinthe, à ceux qui sont appelés à être saints, et à tous ceux qui sont dans l'Achaïe :

3   Que la grâce et la paix vous soient accordées de la part de Dieu notre Père et du Seigneur Jésus-Christ.

4   Je remercie toujours mon Dieu en votre nom, pour la grâce de Dieu qui vous est donnée par Jésus-Christ ;

5   Il vous a enrichis en toutes choses, en toute parole et en toute connaissance ;

6   De même que le témoignage du Christ a été confirmé en vous :

7   Afin que vous ne manquiez de rien, dans l'attente de la révélation de notre Seigneur Jésus-Christ :

8   Il vous affermira jusqu'à la fin, afin que vous soyez irréprochables au jour de notre Seigneur Jésus-Christ.

9   Dieu est fidèle, lui qui vous a appelés à la communion avec son Fils Jésus-Christ notre Seigneur.

10 Je vous exhorte, frères, par le nom de notre Seigneur Jésus-Christ, à tenir tous le même langage et à ne pas avoir de divisions parmi vous, mais à être parfaitement unis dans une même pensée et dans un même jugement.

11 Car il m'a été rapporté, mes frères, par ceux de la maison de Chloé, qu'il y a des querelles parmi vous.

12 Voici ce que je dis : chacun de vous dit : Je suis de Paul, et moi d'Apollos, et moi de Céphas.

13 Le Christ est-il divisé ? Paul a-t-il été crucifié pour vous ? Ou avez-vous été baptisés au nom de Paul ?

14 Je remercie Dieu de n'avoir baptisé aucun d'entre vous ;

15   Afin qu'on ne dise pas que j'ai baptisé en mon nom.

16   Car le Christ ne m'a pas envoyé pour baptiser, mais pour annoncer l'Évangile, non avec une sagesse de paroles, afin que la croix du Christ n'ait pas d'effet.

17   Car la prédication de la croix est une folie pour ceux qui périssent, mais pour nous qui sommes sauvés, elle est une puissance de Dieu.

18   Car il est écrit : Je détruirai la sagesse des sages, Et j'anéantirai l'intelligence des intelligents.

19   Où est le sage ? Où est le scribe ? Où est le calculateur de ce monde ? Dieu n'a-t-il pas rendu folle la sagesse de ce monde ?

20   En effet, après que, dans la sagesse de Dieu, le monde n'a pas connu Dieu, il a plu à Dieu, par la folie de la prédication, de sauver ceux qui croient.

21   Car les Juifs demandent un signe, et les Grecs recherchent la sagesse :

22   Mais nous, nous prêchons le Christ crucifié, qui est pour les Juifs une pierre d'achoppement, et pour les Grecs une folie ;

23   Parce que la folie de Dieu est plus sage que les hommes, et que la faiblesse de Dieu est plus forte que les hommes.

24   Mais Dieu a choisi les folies du monde pour confondre les sages, et Dieu a choisi les faiblesses du monde pour confondre les puissances ;

25   Dieu a choisi les choses viles du monde, les choses mépri-sées, les choses qui ne sont pas, pour réduire à néant les choses qui sont :

26   Qu'aucune chair ne se glorifie en sa présence.

27   Comme il est écrit : Que celui qui se glorifie se glorifie dans le Seigneur.

CHAPITRE DEUX

1   Et moi, frères, quand je suis allé vers vous, ce n'est pas avec des discours et une sagesse extraordinaires que je vous ai annoncé le témoignage de Dieu.

2   Car j'ai résolu de ne rien connaître parmi vous, si ce n'est Jésus-Christ et celui qui a été crucifié.

3   J'ai été avec vous dans la faiblesse, dans la crainte et dans un grand tremblement.

4   Et mon discours et ma prédication n'étaient pas des paroles séduisantes de la sagesse humaine, mais une démonstration de l'Esprit et de la puissance :

5   Afin que votre foi ne repose pas sur la sagesse des hommes, mais sur la puissance de Dieu.

6   Nous parlons de sagesse parmi les parfaits ; mais ce n'est pas la sagesse de ce monde, ni celle des princes de ce monde, qui n'aboutissent à rien :

7   Mais nous parlons de la sagesse de Dieu sous forme de mystère, de la sagesse cachée que Dieu a préparée avant le monde pour notre gloire :

8   Ce qu'aucun des princes de ce monde n'a su, car s'ils l'avaient su, ils n'auraient pas crucifié le Seigneur de gloire.

9   Mais Dieu nous les a révélées par son Esprit, car l'Esprit sonde toutes choses, même les profondeurs de Dieu.

10 Car quel homme connaît les choses de l'homme, si ce n'est l'esprit de l'homme qui est en lui ? De même, les choses de Dieu ne sont connues de personne, si ce n'est de l'Esprit de Dieu.

11 Or, nous avons reçu, non l'esprit du monde, mais l'esprit de Dieu, afin de connaître les choses qui nous sont données librement par Dieu.

12 C'est ce que nous disons, non pas dans les termes qu'enseigne la sagesse humaine, mais dans ceux qu'enseigne le Saint-Esprit, en comparant ce qui est spirituel avec ce qui est spirituel.

13 Mais l'homme naturel ne reçoit pas les choses de l'Esprit de Dieu, car elles sont pour lui une folie, et il ne peut les connaître, parce que c'est spirituellement qu'on les discerne.

14 Le spirituel, lui, juge de tout, mais il n'est jugé par personne.

15 Car qui a connu la pensée du Seigneur pour l'instruire ? Mais nous, nous avons la pensée du Christ.

CHAPITRE TROIS

1   Et moi, frères, je n'ai pas pu vous parler comme à des spirituels, mais comme à des charnels, comme à des enfants en Christ.

2   Je vous ai nourris de lait, et non de viande ; car jusqu'à présent vous n'avez pu le supporter, et maintenant vous ne le pouvez plus.

3   Vous êtes encore charnels ; car, s'il y a parmi vous des jalousies, des querelles et des divisions, n'êtes-vous pas charnels, et ne marchez-vous pas comme des hommes ?

4   Car si l'un dit : Je suis de Paul, et l'autre : Je suis d'Apollos, n'êtes-vous pas charnels ?

5   Qui donc est Paul, et qui est Apollos, sinon les ministres par lesquels vous avez cru, comme le Seigneur l'a donné à chacun ?

6   J'ai planté, Apollos a arrosé, mais Dieu a donné l'accroissement.

7   Ainsi donc, ce n'est ni celui qui plante, ni celui qui arrose, mais Dieu qui donne l'accroissement.

8   Or, celui qui plante et celui qui arrose sont un, et chacun recevra sa récompense selon son travail.

9   Car nous sommes ouvriers avec Dieu ; vous êtes les gardiens de Dieu, vous êtes les bâtisseurs de Dieu.

10   Selon la grâce de Dieu qui m'a été donnée, comme un sage maître d'œuvre, j'ai posé le fondement, et un autre bâtit dessus. Mais que chacun prenne garde à la manière dont il bâtit sur ce fondement.

11   Car nul ne peut poser d'autre fondement que celui qui a été posé, à savoir Jésus-Christ.

12   Ne savez-vous pas que vous êtes le temple de Dieu, et que l'Esprit de Dieu habite en vous ?

13   Si quelqu'un souille le temple de Dieu, Dieu le détruira ; car le temple de Dieu est saint, et vous êtes ce temple.

14   Que personne ne se trompe lui-même. Si quelqu'un parmi vous paraît sage dans ce monde, qu'il devienne fou pour devenir sage.

15   Car la sagesse de ce monde est une folie devant Dieu. Car il est écrit : Il prend les sages au piège de leur propre ruse.

16   Et encore : Le Seigneur connaît les pensées des sages, et il sait qu'elles sont vaines.

17   Que personne ne se glorifie donc des hommes. Car tout est à vous ;

18   Que ce soit Paul, Apollos ou Céphas, que ce soit le monde, la vie ou la mort, les choses présentes ou les choses à venir, tout est à toi ;

19   Vous êtes au Christ, et le Christ est à Dieu.

CHAPITRE QUATRE

1   qui mettra en lumière les choses cachées dans les ténèbres, et qui dévoilera les desseins des coeurs ; et alors tout homme sera loué de Dieu.

2   Car nous sommes donnés en spectacle au monde, aux anges et aux hommes.

3   Je n'écris pas cela pour vous faire honte, mais je vous avertis comme mes fils bien-aimés.

4   Car je vous ai engendrés dans le Christ Jésus par l'Évangile.

5   C'est pourquoi je vous exhorte à me suivre.

6   Maintenant, certains s'enflamment, comme si je ne voulais pas venir à vous.

7   Mais je reviendrai bientôt vers vous, si le Seigneur le veut, et vous connaîtrez, non pas le discours de ceux qui s'enflent, mais la puissance.

8   Car le royaume de Dieu n'est pas dans la parole, mais dans la puissance.

9   Que voulez-vous ? Vais-je à vous avec une verge, ou avec amour et dans un esprit de douceur ?

CHAPITRE CINQ

1   On dit communément qu'il y a parmi vous de l'impudicité, et une impudicité qui n'est pas nommée parmi les païens, à savoir que l'un d'eux a la femme de son père.

2   Vous vous êtes enflés, et vous n'avez pas plutôt pleuré, pour que celui qui a fait cela soit ôté du milieu de vous.

3   Car moi, absent de corps, mais présent d'esprit, j'ai déjà jugé, comme si j'étais présent, de celui qui a fait cette action,

4   Au nom de notre Seigneur Jésus-Christ, lorsque vous serez réunis, et de mon esprit, avec la puissance de notre Seigneur Jésus-Christ,

5   Livrer un tel individu à Satan pour la destruction de la chair, afin que l'esprit soit sauvé au jour du Seigneur Jésus.

6   Votre gloriole n'est pas bonne. Ne savez-vous pas qu'un peu de levain fait lever toute la masse ?

7   Purgez donc le vieux levain, afin que vous formiez une masse nouvelle, comme si vous étiez sans levain. Car le Christ, notre Pâque, a été immolé pour nous :

CHAPITRE SIX

1   Or, le corps n'est pas pour l'impudicité, mais pour le Seigneur, et le Seigneur pour le corps.

2   Dieu a ressuscité le Seigneur, et il nous ressuscitera aussi par sa propre puissance.

3   Ne savez-vous pas que vos corps sont les membres du Christ ? Prendrai-je donc les membres du Christ pour en faire les membres d'une prostituée ? Dieu m'en garde.

4   Qu'est-ce que c'est ? Ne savez-vous pas que celui qui s'unit à une prostituée ne forme qu'un seul corps ? Car deux, dit-il, ne feront qu'une seule chair.

5   Mais celui qui s'attache au Seigneur n'est qu'un seul esprit.

6   Fuyez la fornication. Tout péché que l'homme commet est hors du corps ; mais celui qui commet la fornication pèche contre son propre corps.

7   Qu'en est-il ? Ne savez-vous pas que votre corps est le temple du Saint-Esprit qui est en vous, que vous tenez de Dieu et que vous ne vous appartenez pas ?

8   C'est pourquoi glorifiez Dieu dans votre corps et dans votre esprit, qui appartiennent à Dieu.

CHAPITRE SEPT

1   Pour ce qui est des choses que vous m'avez écrites, il est bon que l'homme ne touche pas à la femme : Il est bon que l'homme ne touche pas la femme.

2   Toutefois, pour éviter la fornication, que chaque homme ait sa propre femme et que chaque femme ait son propre mari.

3   Que le mari rende à la femme la compassion qui lui est due, et que la femme rende de même au mari.

4   La femme n'est pas maîtresse de son corps, mais le mari ; de même, le mari n'est pas maître de son corps, mais la femme.

5   Ne vous gênez pas l'un l'autre, si ce n'est d'un commun accord pour un temps, afin de vous livrer au jeûne et à la prière ; et revenez ensemble, afin que Satan ne vous tente pas par votre manque de maîtrise de vous-même.

6   Mais I parle ceci par permission, et et non de commandement.

7   Car je voudrais que tous les hommes fussent comme moi. Or, chacun a le don de Dieu qui lui est propre, l'un de telle manière, l'autre de telle autre.

8   Je dis donc aux célibataires et aux veuves qu'il est bon pour eux de demeurer comme moi.

9   S'ils ne peuvent se contenir, qu'ils se marient, car il vaut mieux se marier que de brûler de désir.

10   Aux époux, j'ordonne, non pas moi, mais le Seigneur : Que la femme ne se sépare pas de son mari :

11   Mais si elle se sépare, qu'elle ne soit pas mariée à un autre homme ou qu'elle se réconcilie avec son mari ; et que le mari ne se sépare pas de sa femme.

12 Pour ce qui est des vierges, je n'ai pas de commandement du Seigneur ; mais je donne mon avis, comme ayant obtenu du Seigneur la grâce d'être fidèle.

13 Je suppose donc que cela est bon pour la détresse présente, je dis qu'il est bon pour un homme d'être ainsi.

14 Es-tu lié à une femme ? Ne cherche pas à être délié. Es-tu délié d'une femme ? Ne cherche pas de femme.

15 Si tu te maries, tu n'as pas péché ; et si une vierge se marie, elle n'a pas péché. Toutefois, ces personnes auront des ennuis dans la chair ; mais je vous épargne.

16 Je vous le dis, frères, le temps est court ; il reste à ceux qui ont des femmes à faire comme s'ils n'en avaient pas ;

17 Et ceux qui pleurent, comme s'ils ne pleuraient pas ; et ceux qui se réjouissent, comme s'ils ne se réjouissaient pas ; et ceux qui achètent, comme s'ils ne possédaient pas ;

18 Et ceux qui usent de ce monde n'en abusent pas, car la mode de ce monde passe.

19 Mais je voudrais que vous ne fassiez pas attention. Celui qui n'est pas marié prend soin des choses qui appartiennent au Seigneur, afin de plaire au Seigneur :

20 Mais celui qui est marié s'occupe des choses du monde, afin de plaire à sa femme.

21 Il y a aussi une différence entre une femme et une vierge. La femme non mariée s'occupe des choses du Seigneur, afin

d'être sainte de corps et d'esprit ; mais celle qui est mariée s'occupe des choses du monde, afin de plaire à son mari.

22 Je dis cela pour votre profit, non pour vous tendre un piège, mais pour ce qui est agréable, afin que vous puissiez vous occuper du Seigneur sans vous laisser distraire.

23 Si quelqu'un pense qu'il se conduit d'une manière inconvenante envers sa vierge, si elle a atteint la fleur de l'âge et si le besoin l'exige, qu'il fasse ce qu'il voudra, il ne péchera pas : qu'ils se marient.

24 Mais celui qui demeure ferme dans son coeur, sans contrainte, mais en étant maître de sa volonté, et qui a décidé dans son coeur qu'il garderait sa vierge, fait bien.

25 Ainsi donc, celui qui la donne en mariage fait bien, mais celui qui ne la donne pas en mariage fait mieux.

26 La femme est liée par la loi tant que son mari vit ; mais si son mari est mort, elle est libre de se marier avec qui elle veut, mais seulement dans le Seigneur.

27 Mais elle est plus heureuse si elle reste ainsi, selon mon jugement ; et je pense aussi que j'ai l'Esprit de Dieu.

CHAPITRE HUIT

1 Pour ce qui est donc de manger des choses offertes en sacrifice aux idoles, nous savons qu'une idole n'est rien dans le monde, et qu'il n'y a d'autre Dieu qu'un seul.

2   Car s'il y a des gens qu'on appelle dieux, soit dans le ciel, soit sur la terre, il y a aussi beaucoup de dieux et beaucoup de seigneurs,

3   Pour nous, il n'y a qu'un seul Dieu, le Père, de qui viennent toutes choses et nous en lui ; et un seul Seigneur Jésus-Christ, par qui viennent toutes choses et nous par lui.

CHAPITRE NEUF

1   Qui fait la guerre en tout temps à ses frais ? Qui plante une vigne, et ne mange pas de son fruit ? Qui fait paître un troupeau, et ne mange pas le lait du troupeau ?

2   Est-ce que je dis cela comme un homme ? Ou bien la loi ne dit-elle pas la même chose ?

3   Car il est écrit dans la loi de Moïse : Tu ne muselleras pas la bouche du boeuf qui foule le grain. Dieu prend-il soin des bœufs ?

4   Ou bien le dit-il tout à fait à cause de nous ? C'est pour nous, sans doute, qu'il est écrit que celui qui laboure laboure dans l'espérance, et que celui qui bat le blé dans l'espérance participe à son espérance.

5   Si nous avons semé pour vous des choses spirituelles, est-ce une grande chose si nous récoltons vos choses charnelles ?

6   Si d'autres ont part à ce pouvoir sur vous, n'est-ce pas plutôt nous ? Nous n'avons pas usé de ce pouvoir, mais nous avons tout souffert, afin de ne pas entraver l'Évangile du Christ.

7   Ne savez-vous pas que ceux qui s'occupent des choses saintes vivent des choses du temple ? Et que ceux qui servent à l'autel participent à l'autel ?

8   C'est ainsi que le Seigneur a voulu que ceux qui annoncent l'Évangile vivent de l'Évangile.

9   Je n'ai fait usage d'aucune de ces choses, et je n'ai rien écrit pour qu'il en soit ainsi à mon égard ; car il vaut mieux que je meure, que quelqu'un rende ma gloire caduque.

10   Si j'annonce l'Évangile, je n'ai pas à me glorifier, car la nécessité m'en est imposée ; malheur à moi, si je n'annonce pas l'Évangile !

11   Car si je fais cela de bon gré, j'ai une récompense ; mais si c'est contre mon gré, c'est une dispensation de l'Évangile qui m'est confiée.

12   Quelle est donc ma récompense ? C'est que, lorsque je prêche l'Évangile, je puisse faire connaître l'Évangile du Christ sans frais, afin de ne pas abuser de mon pouvoir dans l'Évangile.

13   Car si je suis libre à l'égard de tous les hommes, je me suis rendu le serviteur de tous, afin de gagner davantage.

14   Pour les Juifs, je me suis fait Juif, afin de gagner les Juifs ; pour ceux qui sont sous la loi, je me suis fait Juif, afin de gagner ceux qui sont sous la loi ;

15   Je me suis fait tout à tous les hommes, afin d'en sauver quelques-uns par tous les moyens.

16   Et cela, je le fais pour l'amour de l'Évangile.

17   Ne savez-vous pas que ceux qui courent dans une course courent tous, mais qu'un seul reçoit le prix ? Courez donc, afin d'obtenir.

18   Et tout homme qui aspire à la maîtrise est modéré en toutes choses. Eux, ils le font pour obtenir une couronne corruptible ; nous, une couronne incorruptible.

19   C'est pourquoi je cours, et non pas avec incertitude ; je me bats, et non pas comme quelqu'un qui bat l'air :

20   Mais je garde mon corps et je l'assujettis, de peur que, après avoir prêché aux autres, je ne tombe moi-même dans l'oubli.

CHAPITRE DIX

1   Je ne veux pas non plus, frères, que vous ignoriez que tous nos pères ont été sous la nuée, et qu'ils ont tous traversé la mer ;

2   Tous furent baptisés pour Moïse dans la nuée et dans la mer ;

3   Et tous ont mangé la même viande spirituelle ;

4   Ils ont tous bu le même breuvage spirituel, car ils ont bu au rocher spirituel qui les suivait, et ce rocher, c'était le Christ.

5   Mais Dieu se montra mécontent de plusieurs d'entre eux, qui furent renversés dans le désert.

6   Ces exemples nous ont été donnés, afin que nous n'ayons pas de convoitise pour les choses mauvaises, comme ils en ont eu.

7   Ne soyez pas idolâtres, comme l'étaient quelques-uns d'entre eux, ainsi qu'il est écrit : Le peuple s'asseyait pour manger et pour boire, et il se levait pour jouer.

8   Ne tentons pas le Christ, comme l'ont fait certains d'entre eux, qui ont été détruits par les serpents.

9   Ne murmurez pas, comme quelques-uns d'entre eux ont murmuré, et ils ont été détruits par le destructeur.

10   Toutes ces choses leur sont arrivées pour servir d'exemples, et elles ont été écrites pour notre instruction, à nous qui sommes arrivés à la fin du monde.

11   C'est pourquoi, mes bien-aimés, fuyez l'idolâtrie.

12   Je parle comme à des sages ; jugez de ce que je dis.

13   La coupe de bénédiction que nous bénissons, n'est-elle pas la communion au sang du Christ ? Le pain que nous rompons, n'est-il pas la communion au corps du Christ ?

14   En effet, nous sommes plusieurs, nous sommes un seul pain et un seul corps, car nous participons tous à ce pain unique.

15   Voici Israël selon la chair : ceux qui mangent les sacrifices ne sont-ils pas participants de l'autel ?

16   Que dis-je donc ? Que l'idole est quelque chose, ou que ce qui est offert en sacrifice aux idoles est quelque chose ?

17 Mais je dis que les sacrifices des païens sont offerts aux démons, et non à Dieu, et je ne veux pas que vous soyez en communion avec les démons.

18 Vous ne pouvez boire la coupe du Seigneur et la coupe des démons ; vous ne pouvez participer à la table du Seigneur et à la table des démons.

19 Que vous mangiez, que vous buviez ou que vous fassiez quoi que ce soit, faites tout pour la gloire de Dieu.

CHAPITRE ONZE

1 Mais je voudrais que vous sachiez que le chef de tout homme est le Christ, que le chef de la femme est l'homme, et que le chef du Christ est Dieu.

2 Tout homme qui prie ou qui prophétise, la tête couverte, déshonore sa tête.

3 Toute femme qui prie ou qui prophétise, la tête découverte, déshonore sa tête ; car elle est tout entière comme si elle était rasée.

4 Si la femme n'est pas couverte, qu'elle soit aussi tondue ; mais s'il est honteux pour une femme d'être tondue ou rasée, qu'elle soit couverte.

5 L'homme, en effet, ne doit pas se couvrir la tête, parce qu'il est l'image et la gloire de Dieu ; mais la femme est la gloire de l'homme.

6   Car ce n'est pas l'homme qui est issu de la femme, mais la femme qui est issue de l'homme.

7   L'homme n'a pas été créé pour la femme, mais la femme pour l'homme.

8   C'est pourquoi la femme doit avoir un pouvoir sur sa tête, à cause des anges.

9   Je ne vous loue pas de ce que je vous déclare : vous vous réunissez non pour le meilleur, mais pour le pire.

10   Tout d'abord, lorsque vous vous réunissez dans l'Église, j'entends dire qu'il y a des divisions parmi vous, et je le crois en partie.

11   Il faut, en effet, qu'il y ait parmi vous des hérésies, afin que ceux qui sont approuvés soient manifestés au milieu de vous.

12   Si donc vous vous réunissez dans un même lieu, ce n'est pas pour prendre le repas du Seigneur.

13   Car, en mangeant, chacun prend devant l'autre son propre repas ; l'un a faim, et l'autre est ivre.

14   N'avez-vous pas des maisons pour manger et pour boire ? Ou bien méprisez-vous l'Église de Dieu, et faites-vous honte à ceux qui n'en ont pas ? Que vous dirai-je ? Dois-je vous louer pour cela ? Je ne vous loue pas.

15   C'est pourquoi, mes frères, lorsque vous vous réunissez pour manger, attendez-vous les uns les autres.

16 Si quelqu'un a faim, qu'il mange chez lui, afin que vous ne vous réunissiez pas pour vous condamner. Je mettrai de l'ordre dans le reste à mon arrivée.

CHAPITRE DOUZE

1 En ce qui concerne les dons spirituels.

2 Or, il y a diversité de dons, mais le même Esprit.

3 Et il y a des différences d'administration, mais le même Seigneur.

4 Et il y a des diversités d'opérations, mais c'est le même Dieu qui opère tout en tous.

5 Mais la manifestation de l'Esprit est donnée à chacun pour qu'il en tire profit.

6 En effet, à l'un est donnée par l'Esprit la parole de sagesse, à l'autre la parole de connaissance, par le même Esprit ;

7 A un autre la foi par le même Esprit ; à un autre les dons de guérison par le même Esprit ;

8 À un autre l'opération des miracles, à un autre la prophétie, à un autre le discernement des esprits, à un autre la diversité des langues, à un autre l'interprétation des langues :

9 Mais tout cela est l'oeuvre d'un seul et même Esprit, qui distribue à chacun ce qu'il veut.

10   En effet, comme le corps est un et a plusieurs membres, et que tous les membres de ce corps, étant nombreux, ne forment qu'un seul corps, ainsi est le Christ.

11   Car c'est par un seul Esprit que nous avons tous été baptisés pour former un seul corps, que nous soyons Juifs ou païens, esclaves ou libres, et que nous avons tous été abreuvés d'un seul Esprit.

12   En effet, le corps n'est pas composé d'un seul membre, mais de plusieurs.

13   Si le pied dit : Parce que je ne suis pas la main, je ne suis pas du corps, n'est-il donc pas du corps ?

14   Et si l'oreille dit : Parce que je ne suis pas l'oeil, je ne suis pas du corps, n'est-elle donc pas du corps ?

15   Si tout le corps était un œil, où serait l'ouïe ? Si tout le corps était l'ouïe, où serait l'odorat ?

16   Mais maintenant Dieu a disposé les membres chacun dans le corps, comme il lui a plu.

17   Et s'ils n'étaient qu'un seul membre, où était le corps ?

18   Ils sont maintenant plusieurs membres, mais ils ne forment plus qu'un seul corps.

19   L'oeil ne peut dire à la main : Je n'ai pas besoin de toi ; ni la tête aux pieds : Je n'ai pas besoin de toi.

20   Bien plus, les membres du corps qui paraissent les plus faibles sont nécessaires :

21 Les membres du corps que nous considérons comme moins honorables, nous les honorons davantage, et nos parties ingrates ont une plus grande beauté.

22 Car nos belles parties n'ont pas besoin, mais Dieu a modelé le corps, en donnant plus d'honneur à la partie qui n'en avait pas.

23 Qu'il n'y ait pas de schisme dans le corps, mais que les membres aient les mêmes soins les uns pour les autres.

24 Et si un membre souffre, tous les membres souffrent avec lui ; ou si un membre est honoré, tous les membres se réjouissent avec lui.

25 Mais convoitez avec ardeur les dons les plus précieux ; et je vous montrerai une voie plus excellente.

CHAPITRE TREIZE

1 Si je parle les langues des hommes et des anges, et si je n'ai pas la charité, je suis comme un airain qui résonne, ou comme une cymbale qui retentit.

2 Quand même j'aurais le don de prophétie, quand je comprendrais tous les mystères et toute la science, quand j'aurais toute la foi nécessaire pour transporter les montagnes, si je n'ai pas la charité, je ne suis rien.

3 Quand je distribuerais tous mes biens pour nourrir les pauvres, quand je livrerais mon corps pour être brûlé, et que je n'aurais pas la charité, cela ne me servirait de rien.

4   La charité souffre longtemps et est bonne ; la charité n'est pas envieuse ; la charité ne se vante pas, elle ne s'enfle pas d'orgueil,

5   Ne se conduit pas de façon inconvenante, ne cherche pas son intérêt, ne s'irrite pas facilement, ne pense pas au mal ;

6   Il ne se réjouit pas de l'iniquité, mais il se réjouit de la vérité ;

7   Il supporte tout, il croit tout, il espère tout, il supporte tout.

8   La charité ne s'éteint jamais ; mais s'il y a des prophéties, elles disparaîtront ; s'il y a des langues, elles cesseront ; s'il y a des connaissances, elles s'évanouiront.

9   Car nous connaissons en partie, et nous prophétisons en partie.

10 Mais quand la perfection sera venue, ce qui est en partie disparaîtra.

11 Quand j'étais enfant, je parlais comme un enfant, je comprenais comme un enfant, je pensais comme un enfant ; mais quand je suis devenu homme, je renonce aux enfantillages.

12 Car maintenant nous voyons à travers un verre obscur, mais alors face à face ; maintenant je connais en partie, mais alors je connaîtrai comme je suis connu.

13 Or, la foi, l'espérance, la charité, ces trois-là demeurent ; mais la plus grande de ces trois choses, c'est la charité.

CHAPITRE QUATORZE

1   Recherchez la charité, et ne désirez pas les dons spirituels, mais plutôt que vous prophétisiez.

2   Celui qui parle une autre langue ne parle pas aux hommes, mais à Dieu ; car personne ne le comprend, mais en esprit il dit des mystères.

3   Mais celui qui prophétise parle aux hommes pour les édifier, les exhorter et les consoler.

4   Celui qui parle une autre langue s'édifie lui-même, mais celui qui prophétise édifie l'Église.

5   Je voudrais que vous parliez tous en langues, mais plutôt que vous prophétisiez ; car plus grand est celui qui prophétise que celui qui parle en langues, à moins qu'il n'interprète, afin que l'Église soit édifiée.

6   Or, frères, si je viens à vous en parlant en langues, que vous servirai-je, si je ne vous parle par révélation, ou par connaissance, ou par prophétie, ou par doctrine ?

7   Et même les choses qui n'ont pas de sonorité vivifiante, qu'il s'agisse d'une pipe ou d'une harpe, si elles ne donnent pas une distinction dans les sons, comment saura-t-on ce qu'est la pipe ou la harpe ?

8   Car si la trompette rend un son incertain, qui se préparera au combat ?

9   De même, si vous ne prononcez pas par la langue des paroles faciles à comprendre, comment connaîtra-t-on ce qui a été dit ? Car vous parlerez en l'air.

10   Il y a peut-être tant de sortes de voix dans le monde, et aucune d'entre elles n'est dépourvue de signification.

11   Si donc je ne connais pas le sens de la voix, je serai pour celui qui parle un barbare, et celui qui parle sera pour moi un barbare.

12   De même, vous qui êtes zélés pour les dons spirituels, cherchez à vous surpasser pour l'édification de l'Église.

13   Je remercie mon Dieu, je parle en langues plus que vous tous :

14   Pourtant, dans l'église, j'aime mieux dire cinq mots avec mon intelligence, afin d'enseigner les autres par ma voix, que dix mille mots dans une autre langue.

15   Il est écrit dans la loi : «Je parlerai à ce peuple avec des hommes d'autres langues et d'autres lèvres ; mais ils ne m'écouteront pas, dit le Seigneur.

16   Comment cela se passe-t-il, mes frères ? Lorsque vous vous réunissez, chacun de vous a un psaume, une doctrine, une langue, une révélation, une interprétation. Que tout soit fait pour l'édification.

17   Si quelqu'un parle en une autre langue, qu'il le fasse à deux, ou tout au plus à trois, et qu'il le fasse en cours, et qu'un seul interprète.

18 S'il n'y a pas d'interprète, qu'il garde le silence dans l'église, et qu'il parle à lui-même et à Dieu.

19 Que les prophètes en parlent deux ou trois, et que les autres jugent.

20 Si quelque chose est révélé à un autre spectateur, que le premier se taise.

21 Car vous pouvez tous prophétiser l'un après l'autre, afin que tous apprennent et que tous soient consolés.

22 Et les esprits des prophètes sont soumis aux prophètes.

23 Car Dieu n'est pas l'auteur de la confusion, mais de la paix, comme dans toutes les Églises des saints.

24 Qu'est-ce que c'est ? La parole de Dieu est-elle sortie de vous ? Ou est-elle venue à vous seulement ?

25 Si quelqu'un se croit prophète ou spirituel, qu'il reconnaisse que les choses que je vous écris sont les commandements du Seigneur.

26 Mais si quelqu'un est ignorant, qu'il le soit.

27 C'est pourquoi, frères, aspirez à prophétiser, et n'empêchez pas le parler en langues.

28 Que tout soit fait de manière convenable et en ordre.

CHAPITRE QUINZE

1   De plus, frères, je vous annonce l'Évangile que je vous ai prêché, que vous avez reçu et dans lequel vous vous trouvez ;

2   C'est par là que vous êtes sauvés, si vous vous souvenez de ce que je vous ai prêché, à moins que vous n'ayez cru en vain.

3   Car je vous ai transmis avant tout ce que j'ai moi-même reçu, à savoir que le Christ est mort pour nos péchés, conformément aux Écritures ;

4   qu'il a été enseveli et qu'il est ressuscité le troisième jour.

5   C'est pourquoi, que ce soit moi ou eux, c'est ainsi que nous prêchons, et c'est ainsi que vous avez cru.

6   Or, si l'on prêche que le Christ est ressuscité des morts, comment certains d'entre vous disent-ils qu'il n'y a pas de résurrection des morts ?

7   Mais s'il n'y a pas de résurrection des morts, le Christ n'est pas ressuscité :

8   Si le Christ n'est pas ressuscité, notre prédication est vaine, et votre foi aussi est vaine.

9   Car si les morts ne ressuscitent pas, le Christ ne ressuscite pas non plus :

10   Si le Christ ne ressuscite pas, votre foi est vaine ; vous êtes encore dans vos péchés.

11 Alors ceux qui se sont endormis en Christ périssent aussi.

12 Si, dans cette vie, nous n'avons d'espoir que dans le Christ, nous sommes les plus malheureux de tous les hommes.

13 Mais maintenant, le Christ est ressuscité des morts, et il est devenu les prémices de ceux qui ont dormi.

14 En effet, puisque la mort est venue par l'homme, c'est aussi par l'homme qu'est venue la résurrection des morts.

15 Car, de même qu'en Adam tous meurent, de même en Christ tous vivront.

16 Car il doit régner jusqu'à ce qu'il ait mis tous les ennemis sous ses pieds.

17 Le dernier ennemi qui sera détruit est la mort.

18 Autrement, que feront ceux qui sont baptisés pour l'espérance des morts, si les morts ne ressuscitent pas du tout ? Pourquoi donc sont-ils baptisés pour l'espérance des morts ?

19 Mais quelqu'un dira : Comment les morts ressuscitent-ils ? Et avec quel corps reviennent-ils ?

20 Insensé, ce que tu sèmes n'est pas vivifié, à moins qu'il ne meure :

21 Et ce que tu sèmes, tu ne sèmes pas le corps qui sera, mais un grain nu, qu'il soit de blé ou d'une autre céréale :

22 Mais Dieu lui donne un corps comme il lui plaît, et à chaque semence son propre corps.

23 Toute chair n'est pas la même chair ; il y a une chair d'homme, une chair de bêtes, une chair de poissons, une chair d'oiseaux.

24 Il y a aussi des corps célestes et des corps terrestres ; mais la gloire du céleste est une, et la gloire du terrestre est autre.

25 Il y a une gloire pour le soleil, une autre pour la lune, et une autre pour les étoiles, car une étoile diffère d'une autre étoile par sa gloire.

26 Il en est de même pour la résurrection des morts. Il est semé dans la corruption, il ressuscite dans l'incorruptibilité :

27 Il est semé dans le déshonneur, il est ressuscité dans la gloire ; il est semé dans la faiblesse, il est ressuscité dans la puissance :

28 Il est semé un corps naturel, il est ressuscité un corps spirituel. Il y a un corps naturel et un corps spirituel.

29 C'est ainsi qu'il est écrit : Le premier homme, Adam, a été fait âme vivante ; le dernier Adam a été fait esprit vivifiant.

30 Or, ce n'est pas d'abord ce qui est spirituel, mais ce qui est naturel, et ensuite ce qui est spirituel.

31 Le premier homme était issu de la poussière de la terre ; le second homme vient du ciel.

32 Tel l'homme de poussière, tels ceux qui sont de la poussière ; et tel l'homme céleste, tels ceux qui sont célestes.

33 Et comme nous avons porté l'image de l'homme de la poussière, nous porterons aussi l'image de l'homme céleste.

34 Je dis, frères, que la chair et le sang ne peuvent hériter du royaume de Dieu, et que la corruption n'hérite pas de l'incorruptibilité.

35 Voici, je vous révèle un mystère : Nous ne dormirons pas tous, mais nous serons tous changés,

36 En un instant, en un clin d'œil, à la dernière trompette ; car la trompette sonnera, et les morts ressusciteront incorruptibles, et nous serons changés.

37 Car il faut que ce corruptible revête l'incorruptibilité, et que ce mortel revête l'immortalité.

38 Lorsque le corruptible aura revêtu l'incorruptibilité, et que le mortel aura revêtu l'immortalité, alors s'accomplira la parole qui est écrite : La mort a été engloutie dans la victoire.

39 O mort, où est ton aiguillon ? O tombe, où est ta victoire ?

40 L'aiguillon de la mort, c'est le péché, et la force du péché, c'est la loi.

41 Mais grâces soient rendues à Dieu, qui nous donne la victoire par notre Seigneur Jésus-Christ.

42 C'est pourquoi, mes frères bien-aimés, soyez fermes, inébranlables, travaillant sans cesse à l'oeuvre du Seigneur, sachant que votre travail n'est pas vain dans le Seigneur.

43 Que la grâce du Seigneur Jésus-Christ soit avec vous.

LA DEUXIÈME ÉPÎTRE DE PAUL AUX CORINTHIENS

TEL QUE TRANSCRIT PAR MARCION

Après avoir fait pénitence, il leur écrit de Troas une lettre de consolation et, tout en les louant, il les exhorte à de meilleures choses.

CHAPITRE UN

1   Paul, apôtre de Jésus-Christ par la volonté de Dieu, et Timothée, notre frère, à l'Église de Dieu qui est à Corinthe, avec tous les saints qui sont dans toute l'Achaïe :

2   Que la grâce et la paix vous soient accordées par Dieu notre Père et par le Seigneur Jésus-Christ.

3   Béni soit Dieu, le Père de notre Seigneur Jésus-Christ, le Père des miséricordes et le Dieu de toute consolation ;

4   qui nous réconforte dans toutes nos tribulations, afin que nous puissions réconforter ceux qui sont dans l'embarras, par

la consolation dont nous sommes nous-mêmes réconfortés par Dieu.

5   En effet, comme les souffrances du Christ abondent en nous, notre consolation aussi abonde par le Christ.

6   Et si nous sommes affligés, c'est pour votre consolation et votre salut, qui est efficace en supportant les mêmes souffrances que nous souffrons aussi ; ou si nous sommes consolés, c'est pour votre consolation et votre salut.

7   Notre espérance à votre égard est inébranlable, sachant que, comme vous avez part aux souffrances, vous aurez aussi part à la consolation.

8   Car toutes les promesses de Dieu en lui sont oui, et en lui Amen, pour la gloire de Dieu par nous.

9   Or, celui qui nous affermit avec vous dans le Christ, et qui nous a oints, c'est Dieu ;

10 qui nous a marqués d'un sceau, et qui a donné les arrhes de l'Esprit dans nos cœurs.

CHAPITRE DEUX

1   Grâces soient rendues à Dieu, qui nous fait toujours triompher dans le Christ, et qui manifeste par nous, en tout lieu, la saveur de sa connaissance.

2   Car nous sommes pour Dieu une odeur de Christ, pour ceux qui sont sauvés et pour ceux qui périssent :

3   Pour l'un, nous sommes un parfum de mort jusqu'à la mort ; pour l'autre, un parfum de vie jusqu'à la vie. Et qui est suffisant pour cela ?

CHAPITRE TROIS

1   Vous êtes notre épître écrite dans nos cœurs, connue et lue par tous les hommes :

2   En effet, il est manifeste que vous êtes l'épître du Christ, dont nous assurons le service, écrite non avec de l'encre, mais avec l'Esprit du Dieu vivant, non sur des tables de pierre, mais sur des tables charnelles du coeur.

3   le nouveau testament, non de la lettre, mais de l'esprit ; car la lettre tue, mais l'esprit vivifie.

4   Mais si le ministère de la mort, écrit et gravé dans les pierres, était glorieux, au point que les enfants d'Israël ne pussent regarder fixement la face de Moïse à cause de la gloire de son visage, cette gloire devait disparaître :

5   Comment le ministère de l'esprit ne serait-il pas plus glorieux ?

6   Car si le ministère de la condamnation est une gloire, à plus forte raison le ministère de la justice dépasse-t-il en gloire.

7   Car ce qui a été rendu glorieux n'a pas eu de gloire à cet égard, à cause de la gloire qui surpasse.

8   Car si ce qui a disparu était glorieux, à plus forte raison ce qui reste est-il glorieux.

9   Dans la mesure où nous avons une telle espérance, nous parlons avec beaucoup de simplicité :

10 Il n'est pas comme Moïse, qui mettait un voile sur son visage, afin que les enfants d'Israël ne pussent pas regarder fixement la fin de ce qui est aboli :

11 Mais leur esprit était aveuglé, car jusqu'à ce jour, le même voile n'a pas été enlevé lors de la lecture de l'ancien testament ; ce voile a été enlevé en Christ.

12 Aujourd'hui encore, quand on lit Moïse, le voile est sur leur coeur.

13 Mais lorsqu'il se tournera vers le Seigneur, le voile sera enlevé.

14 Or le Seigneur est cet Esprit, et là où est l'Esprit du Seigneur, là est la liberté.

15 Mais nous tous, le visage ouvert, contemplant comme dans un verre la gloire du Seigneur, nous sommes transformés en la même image, de gloire en gloire, comme par l'Esprit du Seigneur.

CHAPITRE QUATRE

1   Mais si notre Évangile est caché, il est caché pour ceux qui se perdent :

2   Le dieu de ce monde a aveuglé l'intelligence de ceux qui ne croient pas, afin que la lumière du glorieux Évangile du Christ, qui est l'image de Dieu, ne brille pas pour eux.

3   Car nous ne nous prêchons pas nous-mêmes, mais le Christ Jésus, le Seigneur, et nous sommes vos serviteurs à cause de Jésus.

4   Car Dieu, qui a commandé que la lumière brille au milieu des ténèbres, a brillé dans nos cœurs, pour donner la lumière de la connaissance de la gloire de Dieu sur la face de Jésus-Christ.

5   Mais nous avons ce trésor dans des vases d'argile, afin que l'excellence de la puissance vienne de Dieu, et non de nous.

6   Nous sommes troublés de toutes parts, mais pas angoissés ; nous sommes perplexes, mais pas désespérés ;

7   Persécutés, mais non abandonnés ; abattus, mais non détruits ;

8   En portant toujours dans le corps la mort du Seigneur Jésus, afin que la vie de Jésus soit aussi manifestée dans notre corps.

9   En effet, nous qui vivons, nous sommes toujours livrés à la mort à cause de Jésus, afin que la vie de Jésus soit manifestée dans notre chair mortelle.

10   Ainsi la mort agit en nous, mais la vie en vous.

11   Nous avons le même esprit de foi, selon qu'il est écrit : J'ai cru, et c'est pourquoi j'ai parlé ; nous aussi, nous croyons, et c'est pourquoi nous parlons ;

12   Sachant que celui qui a ressuscité le Seigneur Jésus nous ressuscitera aussi par Jésus, et nous présentera avec vous.

13   Car tout est pour vous, afin que l'abondance de la grâce, par l'action de grâces d'un grand nombre de personnes, serve à la gloire de Dieu.

14   C'est pourquoi nous ne nous laissons pas ; si l'homme extérieur périt, l'homme intérieur se renouvelle de jour en jour.

15   Car notre légère affliction, qui n'est qu'un moment, produit pour nous un poids de gloire beaucoup plus grand et plus éternel ;

16   Nous ne regardons pas aux choses visibles, mais aux choses invisibles ; car les choses visibles sont temporelles, mais les invisibles sont éternelles.

CHAPITRE CINQ

1   Nous savons, en effet, que si notre maison terrestre, ce tabernacle, se dissout, nous avons un édifice de Dieu, une maison qui n'a pas été faite de main d'homme, et qui est éternelle dans les cieux.

2   Car c'est en cela que nous gémissons, désirant ardemment être revêtus de notre maison qui vient du ciel :

3   S'il en est ainsi, c'est que, étant vêtus, nous ne serons pas trouvés nus.

4   Car nous, qui sommes dans ce tabernacle, nous gémissons et nous sommes chargés, non pour être déshabillés, mais pour être revêtus, afin que la mortalité soit engloutie dans la vie.

5   Or, celui qui nous a fait agir pour la même chose, c'est Dieu, qui nous a aussi donné les arrhes de l'Esprit.

6   C'est pourquoi nous sommes toujours confiants, sachant que, tout en étant à la maison dans le corps, nous sommes absents du Seigneur :

7   Car nous marchons par la foi, et non par la vue :

8   Nous sommes confiants, je le dis, et disposés à être absents du corps et à être présents avec le Seigneur.

9   C'est pourquoi nous travaillons, afin que, présents ou absents, nous soyons agréés par lui.

10   Car il faut que nous comparaissions tous devant le tribunal du Christ, afin que chacun reçoive ce qui lui est dû. Corps, selon ce qu'il a fait, en bien ou en mal.

11   C'est pourquoi désormais nous ne connaissons plus d'homme selon la chair. Si nous avons connu le Christ selon la chair, désormais nous ne le connaissons plus.

12   Si donc quelqu'un est en Christ, il est une nouvelle créature : les choses anciennes sont passées, et toutes les choses sont devenues nouvelles.

CHAPITRE SIX

1   Purifions-nous de toute souillure de la chair et de l'esprit, en nous perfectionnant dans la crainte de Dieu.

2   Car je vous ai fiancés à un seul époux, afin de vous présenter au Christ comme une vierge pure.

3   Mais je crains que, comme le serpent séduisit Ève par sa ruse, vos esprits ne soient corrompus par rapport à la simplicité qui est en Christ.

4   Car si quelqu'un vient prêcher un autre Jésus, que nous n'avons pas prêché, ou si vous recevez un autre esprit, que vous n'avez pas reçu, ou un autre Évangile, que vous n'avez pas accepté ;

5   Pour tels sont faux apôtres, des ouvriers des ouvriers trompeurs, qui se font passer pour des apôtres du Christ.

6   Et ce n'est pas étonnant, car Satan lui-même est transformé en ange de lumière.

7   Ce n'est donc pas une grande chose si ses ministres sont transformés en ministres de la justice, dont la fin sera conforme à leurs oeuvres.

CHAPITRE SEPT

1   C'est pourquoi, de peur que je ne m'élève au-dessus de toute mesure.

2   A cause de cela, j'ai prié trois fois le Seigneur de l'éloigner de moi.

3   Et il me dit : Ma grâce te suffit.

4   C'est la troisième fois que je viens vous voir. Toute parole sera établie par la bouche de deux ou trois témoins.

5   Je vous l'ai déjà dit et je vous l'annonce, comme si j'étais présent, pour la seconde fois ; et comme je suis absent maintenant, j'écris à ceux qui ont péché jusqu'ici et à tous les autres que, si je reviens, je ne les épargnerai pas :

6   C'est pourquoi j'écris ces choses en mon absence, afin que, étant présent, je n'use pas d'ardeur, selon le pouvoir que le Seigneur m'a donné.

7   Que la grâce du Seigneur Jésus-Christ soit avec vous.

L'ÉPÎTRE DE PAUL À PHILÉMON

TEL QUE TRANSCRIT PAR MARCION

Il rédige une lettre familière à Philémon au nom d'Onésime, son serviteur. Il lui écrit cependant de Rome, de la prison.

1   Paul, prisonnier du Christ Jésus, et son frère Timothée, à Philémon, notre bien-aimé et compagnon de travail,

2   À Apphia, notre soeur, à Archippe, notre compagnon d'armes, et à l'Église qui est dans ta maison :

3   La grâce et la paix de DIEU notre Père et du Seigneur Jésus-Christ.

4   Je remercie toujours mon Dieu, en faisant mention de vous dans mes prières,

5   D'entendre parler de votre amour et de la foi que vous avez envers le Seigneur Jésus et envers tous les saints ;

6   Afin que la communion de votre foi devienne efficace, dans la connaissance de tout bien qui vient par vous, de la part du Christ.

7   En effet, j'ai eu beaucoup de joie et de réconfort dans votre amour, parce que les cœurs des saints ont été rafraîchis par vous, mon frère.

8   C'est pourquoi, bien que j'aie toute confiance en Christ pour vous ordonner de faire ce qu'il faut,

9   Mais c'est par amour que j'en appelle à vous, moi qui suis Paul le vieillard, et qui suis aussi prisonnier du Christ Jésus :

10 Je fais appel à vous pour mon enfant, que j'ai engendré dans mes liens, Onésime,

11 Qui autrefois vous était inutile, mais qui maintenant vous est utile, à vous et à moi :

12 Que je vous ai renvoyés en personne, de tout mon cœur :

13 Que je voudrais garder auprès de moi, afin qu'il puisse, en votre nom, me servir dans les liens de l'Évangile :

14 Mais je ne veux rien faire sans ton consentement ; que ta bonté ne soit pas une nécessité, mais un libre arbitre.

15 C'est peut-être pour cela qu'il a été séparé de vous pour un temps, afin que vous le retrouviez pour toujours ;

16 Non plus comme un esclave, mais comme plus qu'un esclave, comme un frère bien-aimé, surtout pour moi, et plus encore pour vous, tant dans la chair que dans le Seigneur.

17 Si donc vous me considérez comme un associé, recevez-le comme vous le feriez pour moi.

18   Mais s'il vous a fait du tort ou s'il vous doit quelque chose, mettez-le sur mon compte ;

19   Je l'ai écrit de ma propre main : «Je paierai», sans mentionner que tu me dois aussi quelque chose.

20   Oui, frère, que je me réjouisse de toi dans le Seigneur : rafraîchis mon cœur dans le Christ.

21   Confiant dans votre obéissance, je vous écris, sachant que vous ferez plus que ce que je dis.

22   Mais préparez-moi aussi à loger, car j'espère que, par vos prières, je vous serai donné.

23   Epaphras, mon compagnon de captivité dans le Christ Jésus, vous salue ;

24   Ainsi que Marc, Aristarque, Démas, Luc, mes compagnons de travail.

25   Que la grâce de notre Seigneur Jésus-Christ soit avec votre esprit. Amen.

LA PREMIÈRE ÉPÎTRE DE PAUL AUX THESSALONICIENS

TEL QUE TRANSCRIT PAR MARCION

Les Thessaloniciens sont des Macédoniens en Jésus-Christ qui, après l'acceptation de la parole, ont persisté dans la foi malgré la persécution de leurs concitoyens ; en outre, ils n'ont pas accepté les paroles des faux apôtres. L'apôtre les loue en leur écrivant d'Athènes.

LA PREMIÈRE ÉPÎTRE DE PAUL AUX THESSALONICIENS

TEL QUE TRANSCRIT PAR MARCION

Les Thessaloniciens sont des Macédoniens en Jésus-Christ qui, après l'acceptation de la parole, ont persisté dans la foi malgré la persécution de leurs concitoyens ; en outre, ils n'ont pas accepté les paroles des faux apôtres. L'apôtre les loue en leur écrivant d'Athènes.

CHAPITRE UN

1   Paul, Silvain et Timothée à l'Église des Thessaloniciens, en DIEU le Père et le Seigneur Jésus-Christ : Que la grâce et la paix soient avec vous.

2   Nous rendons toujours grâce à DIEU pour vous tous, en faisant mention de vous dans nos prières ;

3   Vous souvenant sans cesse de votre œuvre de foi, de votre travail d'amour et de votre patience dans l'espérance en notre Seigneur Jésus-Christ, devant notre DIEU et Père ;

4   Sachant, votre élection, frères et sœurs bien-aimés de Dieu,

5   Puisque l'Évangile vous a été transmis par nous, non seulement en paroles, mais aussi avec puissance, avec l'Esprit Saint, et avec beaucoup d'assurance ; car vous savez comment nous avons été au milieu de vous, comme des exemples pour vous.

6   Vous êtes devenus nos imitateurs et ceux du Seigneur, ayant reçu la parole dans une grande affliction, avec la joie de l'Esprit Saint ;

7   Afin que vous soyez un exemple pour tous ceux qui croient en Macédoine et en Achaïe.

8   Car c'est de toi qu'a retenti la parole du Seigneur, non seulement en Macédoine et en Achaïe, mais dans tous les lieux où tu es présent. la foi en Dieu s'est manifestée, de sorte que nous n'avons pas besoin de parler.

9   Car ils racontent eux-mêmes de quelle manière nous sommes entrés chez vous, et comment vous vous êtes détournés des idoles pour servir le Dieu vivant et véritable,

10   et à attendre des cieux son fils, qu'il a ressuscité d'entre les morts, Jésus, qui nous a délivrés de la colère à venir.

CHAPITRE DEUX

1   Car vous-mêmes, frères et sœurs, vous savez que ce n'est pas en vain que nous sommes venus à vous :

2   mais ayant déjà souffert et ayant été maltraités, comme vous le savez, à Philippes, nous avons eu l'audace, en notre DIEU, de vous annoncer l'Évangile de DIEU au milieu d'une grande opposition.

3   Car ce n'est ni par erreur, ni par impureté, ni par ruse que nous exhortons :

4   Mais comme nous avons été approuvés par DIEU pour être chargés de l'Évangile, nous parlons ainsi, non pour plaire aux hommes, mais à Dieu qui éprouve nos cœurs.

5   En effet, nous n'avons jamais été trouvés en train d'utiliser des paroles de flatterie, comme vous le savez, ni une couverture de convoitise, Dieu en est témoin ;

6   ni rechercher la gloire de qui que ce soit, ni de vous ni des autres, alors que nous aurions pu prétendre à l'autorité en tant qu'apôtres du Christ.

7   Mais nous étions doux au milieu de vous, comme lorsqu'une infirmière chérit ses propres enfants :

8   C'est ainsi que, dans notre affection pour vous, nous avons bien voulu vous communiquer, non pas l'Évangile de DIEU, mais l'Évangile de Dieu. mais aussi nos propres âmes, car vous nous étiez devenus très chers.

9   Car vous vous souvenez, frères et sœurs, de notre travail et de notre peine : nuit et jour, afin de ne charger aucun de vous, nous vous avons annoncé l'Évangile de DIEU.

10 Vous êtes témoins, et Dieu aussi, de la piété, de la droiture et de l'irréprochabilité avec lesquelles nous nous sommes comportés à l'égard de ceux qui croient :

11 Vous savez comment nous avons traité chacun de vous, comme un père avec ses enfants, en vous exhortant, en vous encourageant et en vous rendant témoignage,

12 afin que vous marchiez d'une manière digne de Dieu, qui vous appelle à son royaume et à sa gloire.

13 C'est pourquoi nous rendons sans cesse grâces à Dieu de ce que, ayant reçu la parole que vous avez entendue de nous, la parole de DIEU, vous l'avez reçue, non comme une parole d'homme, mais comme la parole de DIEU, qui agit en vous qui croyez, ainsi qu'elle l'est en vérité.

14 Car vous, frères et sœurs, vous avez imité les Églises de DIEU dans le Christ Jésus, qui sont en Judée, en subissant de la part de vos compatriotes des souffrances semblables à celles qu'ils avaient subies de la part des Judéens ;

15 qui ont tué le Seigneur Jésus et leurs propres prophètes, et qui nous ont chassés. Ils déplaisent à Dieu et sont hostiles à toute l'humanité ;

16 nous empêchent de parler aux païens pour qu'ils soient sauvés, pour qu'ils comblent leurs péchés. Mais la colère est à son comble.

17 Mais nous, frères et sœurs, qui avons été privés de vous pendant un court laps de temps, en présence et non de cœur,

nous nous sommes efforcés de voir votre visage avec un grand désir :

18   parce que nous voulions venir à toi, j'ai surtout Paul, une fois et une autre, et l'adversaire m'en a empêché.

19   Car quelle est notre espérance, notre joie, notre couronne de gloire ? N'êtes-vous pas, vous aussi, devant notre Seigneur Jésus, à son apparition ?

20   Car vous êtes notre gloire et notre joie.

CHAPITRE TROIS

1   C'est pourquoi, n'en pouvant plus, nous avons jugé bon de rester seuls à Athènes ;

2   et j'ai envoyé Timothée, notre frère et le ministre de DIEU dans l'Évangile du Christ, pour vous affermir et vous affermir dans votre foi ;

3   que personne ne soit troublé par ces souffrances, car vous savez vous-mêmes que nous avons été désignés pour cela.

4   En effet, lorsque nous étions avec vous, nous vous avions annoncé d'avance que nous allions souffrir la détresse ; ce qui est arrivé, vous le savez.

5   C'est pourquoi, ne pouvant plus attendre, j'ai envoyé connaître votre foi, afin que le tentateur ne vous tente pas et que notre travail ne soit pas vain.

6   Timothée nous est venu de votre part, et nous a apporté la bonne nouvelle de votre foi et de votre amour ; il nous a dit que vous gardiez toujours un bon souvenir de nous, et que vous désiriez nous voir, comme nous désirons vous voir nous-mêmes ;

7   C'est pourquoi, frères et sœurs, nous avons été réconfortés par vous dans toute notre détresse et notre affliction, grâce à votre foi :

8   car nous vivons maintenant, si vous demeurez fermes dans le Seigneur.

9   Car quelle action de grâces pouvons-nous rendre à Dieu pour vous, pour toute la joie avec laquelle nous nous réjouissons à votre sujet devant notre DIEU ;

10   nuit et jour, nous prions à l'excès pour voir ta face, et pour parfaire ce qui manque à ta foi ?

11   Que notre DIEU et Père, et notre Seigneur Jésus, dirigent notre chemin vers vous :

12   et que le Seigneur vous fasse croître et abonder en amour les uns envers les autres et envers tous, comme nous le faisons envers vous ;

13   afin d'affermir vos cœurs sans reproche dans la sainteté devant notre DIEU et Père, à l'apparition de notre Seigneur Jésus avec tous ses saints.

CHAPITRE QUATRE

1   Enfin, frères et soeurs, nous vous prions et nous vous exhortons dans le Seigneur Jésus, afin que, comme vous avez reçu de nous la manière de marcher et de plaire à Dieu, et comme vous le faites, vous abondiez encore davantage.

2   Vous savez en effet quelles instructions nous vous avons données de la part du Seigneur Jésus.

3   Car telle est la volonté de Dieu, votre sanctification, que vous vous absteniez de l'impudicité ;

4   que chacun d'entre vous sache posséder honorablement son vase,

5   et non dans la passion du désir, comme les païens qui ne connaissent pas Dieu ;

6   que personne ne transgresse et ne fasse tort à son frère ou à sa soeur dans cette affaire ; car le Seigneur Dieu est vengeur en toutes ces choses, comme nous vous l'avons annoncé et attesté.

7   Car Dieu ne nous a pas appelés à l'impureté, mais à la sanctification.

8   C'est pourquoi celui qui ne tient pas compte de cela ne tient pas compte d'un être humain, mais de Dieu, qui vous donne son esprit saint.

9   Pour ce qui est de l'amour des frères, vous n'avez pas besoin qu'on vous écrive, car Dieu vous a enseigné à vous aimer les uns les autres ;

10 car vous le faites à l'égard de tous les frères et soeurs qui sont dans toute la Macédoine. Mais nous vous exhortons, frères et soeurs, à être encore plus nombreux ;

11 et que vous appreniez à vous tenir tranquilles, à vous occuper de vos affaires et à travailler de vos mains, comme nous vous l'avons enseigné ;

12 afin d'avoir une attitude respectueuse à l'égard des étrangers et de ne dépendre de personne.

13 Nous ne voulons pas, frères, que vous ignoriez ce qui concerne ceux qui se sont endormis, afin que vous ne vous affligiez pas comme les autres, qui n'ont pas d'espérance.

14 En effet, si nous croyons que Jésus est mort et qu'il est ressuscité, Dieu ramènera avec lui ceux qui se sont endormis par Jésus.

15 Car nous vous disons, par la parole du Seigneur, que nous, les vivants, qui demeurerons jusqu'à l'apparition du Christ, ne devancerons pas ceux qui s'endorment.

16 Car ce même Seigneur descendra du ciel, à une forte sommation, à la voix du prince des anges, et à l'appel de la trompette de Dieu ; et les morts en Christ se lèveront les premiers ;

17 puis, immédiatement après, nous, les vivants, nous serons enlevés avec eux sur des nuées, à la rencontre de l'Esprit. C'est ainsi que nous serons pour toujours avec le Seigneur.

18 Consolez-vous donc les uns les autres par ces paroles.

CHAPITRE CINQ

1   Pour ce qui est des temps et des saisons, frères et sœurs, vous n'avez pas besoin qu'on vous écrive quoi que ce soit.

2   Car vous savez bien, vous, que le jour du Seigneur vient comme un voleur dans la nuit.

3   Quand ils disent : Paix et sécurité, une ruine soudaine les surprend, comme l'enfantement d'une femme, et ils n'échappent à rien.

4   Mais vous n'êtes pas dans les ténèbres, frères et sœurs, pour que le jour vous surprenne comme un voleur :

5   car vous êtes tous des enfants de la lumière, des enfants du jour ; nous ne sommes pas de la nuit, ni des ténèbres ;

6   Ne dormons donc pas, comme les autres, mais veillons et soyons sobres.

7   Car ceux qui dorment dorment pendant la nuit, et ceux qui s'enivrent s'enivrent pendant la nuit.

8   Mais, puisque nous sommes du jour, soyons sobres, revêtus de la cuirasse de la foi et de la charité, et, pour casque, de l'espérance du salut.

9   Car Dieu ne nous a pas destinés à la colère, mais à l'obtention du salut par notre Seigneur Jésus-Christ,

10 qui est mort pour nous, afin que nous vivions avec lui, que nous nous réveillions ou que nous dormions.

11 Exhortez-vous donc les uns les autres, et édifiez-vous mutuellement, comme vous le faites.

12 Mais nous vous exhortons, frères et soeurs, à connaître ceux qui travaillent au milieu de vous, qui vous dirigent dans le Seigneur, et qui vous instruisent ;

13 et de les estimer très haut dans l'amour de leur travail. Soyez en paix entre vous.

14 Nous vous exhortons, frères et sœurs, à reprendre les désordonnés, à encourager les timides, à soutenir les faibles, à faire preuve de patience à l'égard de tous.

15 Veillez à ce que personne ne rende à personne le mal pour le mal, mais recherchez toujours le bien, les uns envers les autres et envers tous.

16 Réjouissez-vous toujours ;

17 prier sans cesse ;

18 Rendez grâces en toutes choses, car telle est la volonté de Dieu à votre égard dans le Christ Jésus.

19 Que ce même DIEU de paix vous sanctifie enfin à tous égards, qu'il soit complet dans tous vos membres, que l'esprit, la pensée et le corps soient irréprochables jusqu'à l'apparition de notre Seigneur et sauveur le Christ.

20 Celui qui vous appelle est fidèle, et il l'accomplira.

21 Frères et sœurs, priez pour nous.

22 Saluez tous les frères et sœurs par un baiser sacré.

23 Je vous ordonne par le Seigneur que cette épître soit lue à tous les frères et sœurs.

24 La grâce de notre Seigneur Jésus-Christ vous accompagne.

LA DEUXIÈME ÉPÎTRE DE PAUL AUX THESSALONICIENS

TEL QUE TRANSCRIT PAR MARCION

Il écrit aux Thessaloniciens et leur donne des informations sur les derniers temps et sur la détection de l'adversaire. Il écrit d'Athènes.

CHAPITRE UN

1   Paul, Silvain et Timothée, à l'Église des Thessaloniciens, en DIEU notre Père et le Seigneur Jésus-Christ ;

2   La grâce et la paix de DIEU le Père et du Seigneur Jésus-Christ.

3   Nous sommes tenus de rendre toujours grâce à DIEU pour vous, frères et sœurs, comme il convient, parce que votre foi grandit sans cesse et que l'amour de chacun de vous les uns pour les autres est toujours plus grand ;

4   de sorte que nous parlons nous-mêmes de vous avec fierté dans les Églises de DIEU, à cause de votre patience et de votre foi dans toutes vos persécutions et dans les afflictions que vous endurez ;

5   ce qui est une indication claire du juste jugement de Dieu, afin que vous soyez jugés dignes du royaume de Dieu, pour lequel vous souffrez aussi.

6   S'il est juste que Dieu rende la tribulation à ceux qui nous affligent, et qu'il donne le repos à ceux qui sont affligés, c'est avec eux qu'il se révélera dans le Seigneur Jésus, lorsqu'il apparaîtra comme venant du ciel avec ;

7   Les puissants anges de Dieu, rendant justice à ceux qui ne connaissent pas DIEU, et à ceux qui n'obéissent pas à l'Évangile de notre Seigneur Jésus-Christ ;

8   qui seront punis d'une destruction éternelle, loin de la face du Seigneur et de la gloire de sa puissance,

9   lorsque Dieu viendra pour être glorifié dans ses saints, et pour être l'objet de l'admiration de tous ceux qui auront cru, parce que le témoignage que nous vous avons rendu aura été cru en ce jour-là.

10   C'est dans cet esprit que nous prions toujours pour vous, afin que notre DIEU vous juge dignes de votre vocation et accomplisse avec puissance tout désir de bonté et toute œuvre de foi ;

11   afin que le nom de notre Seigneur Jésus soit glorifié en vous, et vous en lui, selon la grâce de notre DIEU et Seigneur Jésus-Christ.

12   Maintenant, frères et sœurs, parlons de l'apparition de notre Christ et de notre rassemblement auprès de lui, car le jour du Christ s'est levé sur nous.

13   Mais cela ne pourra se faire que si la loi est d'abord abrogée, et si celui qui fait cesser le sacrifice et l'offrande se révèle, lui qui est le fils de la désolation ;

14   car celui-ci doit s'opposer à tout prétendu dieu ou objet de culte et s'élever au-dessus de lui ; de même, sur la place du temple, celui-ci doit être assis comme une divinité, attestant ainsi qu'il est le premier-né de DIEU.

CHAPITRE DEUX

1   C'est pourquoi nous devons toujours rendre grâce à DIEU pour vous, frères et sœurs, bien-aimés du Seigneur, car DIEU vous a choisis dès le commencement pour le salut, dans la sanctification des esprits et la foi en la vérité :

2   C'est dans ce but qu'il vous a appelés par notre Évangile, pour que vous obteniez la gloire de notre Seigneur Jésus-Christ.

3   Ainsi donc, frères et soeurs, demeurez fermes et retenez les traditions qui vous ont été enseignées, soit par la parole, soit par notre épître.

4   Maintenant notre même Seigneur Jésus-Christ, et DIEU notre Père qui nous a aimés et nous a donné par grâce un réconfort éternel et une bonne espérance,

5   de réconforter vos cœurs et de les affirmer en toute bonne œuvre et en toute bonne parole.

CHAPITRE TROIS

1   Enfin, frères et sœurs, priez pour nous, afin que la parole du Seigneur puisse s'accomplir et être glorifiée, comme elle l'est pour vous ;

2   et que nous soyons délivrés des hommes déraisonnables et méchants, car tous n'ont pas la foi.

3   Mais l'Éternel est fidèle, il vous affermira et vous protégera contre le malin.

4   Nous avons confiance dans le Seigneur en ce qui vous concerne : vous faites et continuerez à faire ce que nous vous ordonnons.

5   Que le Seigneur dirige vos cœurs dans l'amour de Dieu et dans la patience du Christ.

6   Or nous vous prescrivons, frères et soeurs, au nom de notre Seigneur Jésus-Christ, de vous éloigner de tout frère ou de toute soeur qui marche dans le désordre, et non selon la tradition qu'il ou qu'elle a reçue de nous.

7   Vous savez comment vous devez nous imiter, car nous ne nous sommes pas conduits d'une manière désordonnée au milieu de vous ;

8   Nous n'avons pas non plus mangé de pain sans le payer, mais en travaillant nuit et jour, afin de ne charger aucun d'entre vous :

9   non que nous n'en ayons pas le droit, mais pour nous donner en exemple, afin que vous nous imitiez.

10   Car, lorsque nous étions avec vous, nous vous prescrivions ceci : si quelqu'un ne veut pas travailler, qu'il ne mange pas non plus.

11   Car nous avons entendu parler de gens qui marchent au milieu de vous d'une manière désordonnée, qui ne travaillent pas du tout, mais qui s'occupent de tout.

12   C'est à ces personnes que nous ordonnons et encourageons, dans le Seigneur Jésus-Christ, de travailler tranquillement et de gagner leur vie.

13   Mais vous, frères et sœurs, ne vous lassez pas de bien faire.

14   Si quelqu'un n'obéit pas à la parole que nous lui avons donnée par cette épître, tu le remarqueras et tu ne le fréquenteras pas, afin qu'il ait honte.

15   Ne le regardez pas comme un ennemi, mais avertissez-le comme un frère.

16   Que le même Seigneur de la paix vous donne la paix en tout temps et de toutes les manières. Que le Seigneur soit avec vous tous.

17   Je salue Paul de ma propre main, comme c'est le cas dans toutes les épîtres ; c'est ainsi que j'écris.

18   Que la grâce de notre Seigneur Jésus-Christ soit avec vous tous.

L'ÉPÎTRE DE PAUL AUX LAODICÉENS

TEL QUE TRANSCRIT PAR MARCION

Les Laodicéens sont des Asiatiques. Ils ont persisté dans la foi après l'acceptation de la parole de vérité. L'apôtre les loue en leur écrivant de la ville de Rome, depuis la prison, par l'intermédiaire du diacre Tychique.

CHAPITRE UN

1   Paul, apôtre du Christ Jésus par la volonté de DIEU, aux saints de Laodicée et aux fidèles en Jésus-Christ :

2   La grâce et la paix de DIEU notre Père et du Seigneur Jésus-Christ.

3   Béni soit DIEU et Père de notre Seigneur Jésus-Christ, qui nous a bénis de toute bénédiction spirituelle dans les cieux en Christ :

4   comme il nous a choisis en lui avant la fondation du monde, pour que nous soyons saints et irréprochables devant lui dans l'amour :

5   nous ayant prédestinés à être adoptés comme enfants par Jésus-Christ, selon le bon plaisir de sa volonté,

6   à la louange de la gloire de sa grâce, qu'il nous a gratuitement accordée dans le Bien-Aimé :

7   en qui nous avons la rédemption par son sang, le pardon de nos offenses, selon la richesse de sa grâce,

8   qu'il a fait abonder à notre égard en toute sagesse et en toute prudence,

9   en nous faisant connaître le mystère de sa volonté, selon le bon plaisir que DIEU a conçu dans le mystère de sa volonté,

10 afin que, dans la dispensation de la plénitude des temps, il récapitule toutes choses en Christ, celles qui sont dans les cieux et celles qui sont sur la terre.

11 C'est en lui que nous avons été reçus en héritage, ayant été prédestinés selon le dessein de celui qui opère toutes choses d'après le conseil de sa volonté ;

12 afin que nous soyons à la louange de sa gloire, lui qui s'est d'abord confié au Christ :

13 En qui vous avez eu confiance, après avoir entendu la parole de vérité, l'Évangile ; en qui vous avez cru, et qui a été scellé par l'esprit de la promesse,

14 qui est un gage de notre héritage, en vue de la rédemption des biens propres de Dieu, à la louange de sa gloire.

15 C'est pourquoi, ayant appris la foi au Seigneur Jésus qui est parmi vous, et l'amour que vous portez à tous les saints, je vous prie de m'en excuser,

16 ne cesse de te rendre grâce, en faisant mention de toi dans mes prières ;

17 afin que le DIEU de notre Seigneur Jésus-Christ, le Père de gloire, vous donne un esprit de sagesse et de révélation dans la connaissance de lui-même ;

18 Les yeux de votre intelligence ont été éclairés, afin que vous connaissiez l'espérance de son appel et la richesse de son héritage dans les saints,

19 et de l'immensité de sa puissance envers nous qui croyons, selon l'efficacité de sa force.

20 qu'il a accomplie dans le Christ, en le ressuscitant d'entre les morts et en le faisant asseoir à sa droite,

21 en mettant toutes choses sous ses pieds, et en lui donnant la direction de toutes choses pour l'Église,

22 qui est son corps, la plénitude de celui qui remplit tout en tous.

CHAPITRE DEUX

1   Et vous étiez morts dans vos offenses et vos péchés,

2   dans lequel vous aviez marché en accord avec la réalité du système mondial, le pouvoir de l'autorité humaine, l'esprit qui opère maintenant dans les enfants de ceux qui s'opposent obstinément à la volonté divine ;

3   parmi lesquels nous avons tous vécu autrefois dans les passions de notre chair, en faisant la volonté de la chair et de l'esprit, et nous étions par nature des enfants de colère, comme les autres.

4   Mais DIEU, riche en miséricorde, à cause du grand amour dont il nous a aimés,

5   alors que nous étions morts par nos offenses, nous a rendus vivants avec le Christ,

6   Il nous a ressuscités avec lui, et nous a fait asseoir avec lui dans les cieux, en Jésus-Christ :

7   afin de montrer, dans les siècles à venir, l'extrême richesse de sa grâce et de sa bonté envers nous dans le Christ Jésus :

8   Car c'est par la grâce que vous avez été sauvés, par le moyen de la foi, et cela ne vient pas de vous, c'est le don de DIEU ;

9   non par les oeuvres, afin que personne ne se glorifie.

10 Car nous sommes son ouvrage, créés dans le Christ Jésus pour de bonnes œuvres, que Dieu a préparées à l'avance, afin que nous marchions en elles.

11 Souvenez-vous donc que vous étiez autrefois des païens, appelés incirconcis par ce qui porte le nom de circoncision dans la chair faite de main d'homme ;

12 qu'en ce temps-là vous étiez sans Christ, étrangers à la communauté d'Israël, étrangers aux alliances et à leurs promesses, sans espérance et sans Dieu dans le monde.

13 Mais maintenant, en Christ, vous qui étiez autrefois éloignés, vous vous êtes rapprochés par son sang.

14 Car il est notre paix, lui qui a fait de l'un et de l'autre une seule chose, et le mur du milieu a été renversé ;

15 ayant annulé l'inimitié dans la chair, c'est-à-dire la loi des commandements contenus dans les ordonnances, afin de créer en lui-même, à partir des deux, un seul homme nouveau, en établissant ainsi la paix ;

16 afin de les réconcilier tous deux en un seul corps avec Dieu, après avoir tué l'inimitié par la croix :

17 Il vint prêcher la paix à ceux qui étaient près et à ceux qui étaient loin :

18 car c'est par lui que nous avons tous deux accès au Père.

19 Ainsi donc, vous n'êtes plus des étrangers, mais vous êtes concitoyens des saints et vous appartenez à la maison de Dieu,

20 construit sur le fondement des apôtres, le Christ Jésus lui-même étant la pierre angulaire ;

21 en qui chaque édifice, bien agencé, grandit pour devenir un temple saint dans le Seigneur ;

22 en qui vous êtes édifiés pour être une habitation de Dieu dans l'esprit.

CHAPITRE TROIS

1 C'est pourquoi je suis Paul, prisonnier du Christ Jésus pour vous, les païens,

2 si vous avez entendu parler de la dispensation de la grâce de DIEU qui vous a été accordée ;

3 mais le mystère m'a été révélé par révélation, comme je l'ai déjà écrit en peu de mots,

4 par, lorsque vous lisez, vous pouvez percevoir ma compréhension du mystère du Christ ;

5 qui, dans les autres générations, n'a pas été connue des fils de l'homme, comme elle a été révélée maintenant à ses saints apôtres et prophètes, par l'Esprit ;

6 à savoir que les païens sont cohéritiers, membres du corps et participants à la promesse en Jésus-Christ par l'Évangile,

7 dont j'ai été fait ministre, selon le don de la grâce de DIEU qui m'a été accordée, par l'effet de sa puissance.

8   C'est à moi, qui suis le plus petit de tous les saints, que cette grâce a été donnée,

9   pour éclairer tout le monde sur ce qu'est la communauté du mystère, caché depuis les siècles, caché à Dieu, c'est-à-dire à celui qui a créé toutes choses ;

10   afin que, par l'intermédiaire de l'Église, la sagesse multiforme de Dieu soit maintenant révélée aux puissances et aux souverains spirituels dans les cieux,

11   selon le dessein des siècles qu'il a réalisé dans le Christ Jésus notre Seigneur :

12   en qui nous avons l'assurance et l'accès à la confiance par notre foi en lui.

13   C'est pourquoi je vous demande de ne pas vous laisser abattre par mes tribulations pour vous, qui sont votre gloire.

14   C'est pourquoi je fléchis les genoux devant le Père,

15   qui a donné son nom à toutes les familles du ciel et de la terre,

16   qu'il vous accorde, selon la richesse de sa gloire, d'être fortifiés avec puissance par son esprit au dedans de vous ;

17   afin que le Christ habite dans vos cœurs par la foi, pour que, enracinés et fondés dans la charité, vous puissiez vous épanouir,

18   soit forte pour comprendre avec tous les saints quelle est la largeur, la longueur, la hauteur et la profondeur,

19 et de connaître l'amour du Christ, qui surpasse toute connaissance, afin d'être remplis de toute la plénitude de Dieu.

20 À celui qui peut faire plus que tout ce que nous demandons ou pensons, selon la puissance qui agit en nous,

21 à lui la gloire dans l'Église et dans le Christ Jésus, pour toutes les générations de l'âge des siècles. Amen.

CHAPITRE QUATRE

1 C'est pourquoi, moi, le prisonnier dans le Seigneur, je vous exhorte à vous conduire d'une manière digne de l'appel dont vous avez été l'objet,

2 en toute humilité et douceur, avec patience, vous supportant les uns les autres dans l'amour ;

3 en s'appliquant à garder l'unité de l'esprit par le lien de la paix.

4 Un seul corps, un seul esprit, comme vous avez été appelés à une seule espérance de votre vocation ;

5 un seul Seigneur, une seule foi, un seul baptême,

6 un seul DIEU et Père de tous, qui est au-dessus de tous, par tous et en tous.

7 Mais la grâce a été donnée à chacun de nous selon la mesure du don du Christ.

8   C'est pourquoi l'on dit : Lorsqu'il est monté en haut, il a emmené des captifs, et il a fait des dons aux hommes.

9   Or, ce «il est monté», qu'est-ce que c'est sinon qu'il est aussi «descendu» dans les parties inférieures de la terre ?

10   Celui qui est descendu est aussi celui qui est monté au-dessus de tous les cieux, afin de remplir toutes choses.

11   Il a donné aux uns d'être apôtres, aux autres d'être prophètes, aux autres d'être évangélistes, aux autres d'être pasteurs et docteurs ;

12   pour le perfectionnement des saints en vue de l'œuvre du ministère et de l'édification du corps du Christ :

13   jusqu'à ce que nous soyons tous parvenus à l'unité de la foi et de la connaissance du Fils de DIEU, à l'état d'homme fait, à la mesure de la stature de la plénitude du Christ :

14   afin que nous ne soyons plus des enfants, ballottés et emportés à tout vent de doctrine, par la ruse des hommes, par l'astuce, selon les ruses de l'égarement ;

15   mais en disant la vérité dans l'amour, nous grandirons à tous égards en celui qui est le chef, le Christ ;

16   de qui tout le corps, convenablement formé et uni par ce que chaque jointure fournit, selon l'action convenable de chacune des parties, fait croître le corps jusqu'à l'édification de lui-même dans la charité.

17 C'est pourquoi je dis et j'atteste dans le Seigneur que vous ne marchez plus comme les païens, dans la vanité de leur esprit,

18 leur intelligence est obscurcie, ils sont éloignés de la vie de Dieu, à cause de l'ignorance qui est en eux, à cause de l'endurcissement de leur coeur ;

19 qui, ayant perdu tout sentiment, se sont livrés à la lascivité, pour commettre toute espèce d'impureté avec avidité.

20 Mais vous n'avez pas appris le Christ de cette manière ;

21 si vous l'avez entendu et si vous avez été instruits en lui, comme la vérité est en Jésus :

22 que vous vous débarrassiez, quant à votre ancienne manière de vivre, du vieil homme, qui se corrompt par les convoitises de la tromperie ;

23 et que vous soyez renouvelés dans l'esprit de votre intelligence,

24 et de revêtir l'homme nouveau, créé selon Dieu dans la justice et la sainteté de la vérité.

25 C'est pourquoi, renonçant au mensonge, dites la vérité chacun à son prochain, car nous sommes membres les uns des autres.

26 Mettez-vous en colère et ne péchez pas, ne laissez pas le soleil se coucher sur votre colère,

27 et ne cède pas à l'adversaire.

28 Que celui qui a volé ne vole plus ; mais qu'il travaille, en faisant de ses mains ce qui est bon, afin d'avoir de quoi donner à celui qui est dans le besoin.

29 Qu'il ne sorte de votre bouche aucun discours corrompu, mais, selon les besoins, un discours propre à édifier, afin qu'il donne de la grâce à ceux qui l'entendent.

30 N'attristez pas l'esprit, le saint de Dieu, par lequel vous avez été scellés jusqu'au jour de la rédemption.

31 Que toute amertume, toute colère, tout emportement, toute clameur, toute raillerie, disparaissent de vous, avec toute espèce de malice :

32 Soyez bons les uns envers les autres, compatissants, agissant avec bienveillance les uns envers les autres, comme Dieu, en Christ, agit avec bienveillance à votre égard.

CHAPITRE CINQ

1 Soyez donc les imitateurs de Dieu dans le Christ, comme des enfants bien-aimés ;

2 et marchez dans l'amour, comme le Christ vous a aimés, et s'est livré lui-même pour nous, «en offrande et en sacrifice» à Dieu, «en odeur de sainteté».

3 Mais l'impudicité, toute espèce d'impureté et de cupidité, ne doivent pas être nommées parmi vous, comme il convient à des saints ;

4   ni souillures, ni propos insensés, ni plaisanteries, qui ne sont pas de mise ; mais plutôt des actions de grâces.

5   Vous savez en effet avec certitude qu'aucun fornicateur, aucun impur, aucun cupide, aucun idolâtre n'a d'héritage dans le royaume de Christ et de Dieu.

6   Que personne ne vous séduise par de vaines paroles, car c'est à cause de ces choses que la colère de Dieu s'abat sur ceux qui s'opposent obstinément à la volonté divine.

7   Ne vous associez donc pas à eux ;

8   Car vous étiez autrefois dans les ténèbres, mais vous êtes maintenant la lumière dans le Seigneur : marchez comme des enfants de lumière,

9   car le fruit de la lumière est en toute bonté, justice et vérité,

10   en prouvant ce qui est agréable au Seigneur ;

11   et n'ont pas de communion avec les oeuvres infructueuses des ténèbres, mais au contraire les réprouvent ;

12   car ce qu'ils font en secret, il est honteux d'en parler.

13   Mais toutes les choses, lorsqu'elles sont corrigées, sont manifestées par la lumière ; car tout ce qui est manifesté est lumière.

14   C'est pourquoi il est dit : Réveille-toi, dormeur, et lève-toi d'entre les morts, et le Christ t'éclairera.

15 Regardez donc attentivement comment vous marchez, non pas comme des malins, mais comme des sages ;

16 racheter le temps, car les jours sont mauvais.

17 Ne soyez donc pas stupides, mais comprenez quelle est la volonté du Seigneur.

18 Ne vous enivrez pas de vin, qui est un délit, mais remplissez-vous de l'esprit ;

19 en s'adressant l'un à l'autre par des psaumes, des hymnes et des cantiques spirituels, en chantant et en faisant retentir le Seigneur de tout votre coeur ;

20 en rendant toujours grâces pour toutes choses, au nom de notre Seigneur Jésus-Christ, à celui qui est DIEU, le Père.

21 Soumettez-vous les uns aux autres dans la crainte du Christ.

22 Les femmes doivent être soumises à leur mari comme au Seigneur.

23 Car le mari est le chef de la femme, comme le Christ est le chef de l'Église, étant lui-même le sauveur du corps.

24 Or, comme l'Église est soumise au Christ, que les femmes le soient aussi à leur mari en toutes choses.

25 Maris, aimez vos femmes, car celui qui aime sa femme aime sa propre chair, comme le Christ a aimé l'Église et s'est livré pour elle ;

26 afin de la sanctifier, après l'avoir purifiée par le lavage d'eau au moyen de la parole,

27 afin de se présenter l'Église comme une Église glorieuse, sans tache, ni ride, ni rien de semblable, mais sainte et irréprochable.

28 De même, les maris doivent aimer leurs femmes comme leurs propres corps. Celui qui aime sa femme s'aime lui-même :

29 car personne n'a jamais haï sa propre chair ; il la nourrit et la chérit, comme le Seigneur le fait pour l'Église.

31 C'est pour elle que l'homme quittera son père et sa mère, et que les deux deviendront une seule chair.

32 Ce mystère est grand ; mais je parle du Christ et de l'Église.

33 Mais vous aussi, aimez chacun votre femme comme vous--même ; et que la femme voie qu'elle craint son mari.

CHAPITRE SIX

1 Les enfants doivent obéir à leurs parents dans le Seigneur, car cela est juste.

2 Honore ton père et ta mère,

3 afin que vous soyez heureux et que vous viviez longtemps sur la terre.

4   Et vous, parents, élevez vos enfants dans la discipline et l'instruction du Seigneur.

5   Serviteurs, obéissez à ceux qui sont vos maîtres selon la chair, avec crainte et tremblement, dans la simplicité de votre coeur, comme à Christ ;

6   non pas comme des serviteurs de l'œil, comme des jouisseurs, mais comme des serviteurs du Christ, faisant la volonté de Dieu du fond du cœur ;

7   avec bonne volonté, en rendant service, comme au Seigneur et non aux hommes :

8   sachant que tout ce que chacun fait de bon, le Seigneur le lui rendra, qu'il soit esclave ou libre.

9   Et vous, maîtres, agissez de même à leur égard, et ne les menacez pas, sachant que celui qui est à la fois leur maître et le vôtre est dans les cieux, et qu'il n'y a pas d'acception de personnes avec lui.

10   Enfin, soyez forts dans le Seigneur et dans la force de sa puissance.

11   Revêtez l'armure complète de Dieu, afin de pouvoir résister aux ruses de l'adversaire.

12   Car ce n'est pas contre la chair et le sang que nous luttons, mais contre les archontes et les souverains spirituels, contre les maîtres des ténèbres de ce siècle, contre les armées spirituelles méchantes qui sont dans les cieux.

13 C'est pourquoi, prenez toutes les armes de Dieu, afin de pouvoir résister au mauvais jour, et de pouvoir subsister après avoir tout fait.

14 Tenez-vous donc debout, ayant ceint vos reins de la vérité et revêtu la cuirasse de la justice,

15 et ayant chaussé vos pieds avec la préparation de l'évangile de paix ;

16 en prenant le bouclier de la foi, grâce auquel vous pourrez éteindre tous les traits enflammés du malin.

17 Et prenez le casque du salut, et l'épée de l'esprit, qui est la parole de Dieu :

18 par toutes sortes de prières et de supplications, priant en tout temps par l'esprit, et veillant à cela en toute persévérance et supplication pour tous les saints,

19 Et pour moi, afin qu'il me soit donné d'ouvrir la bouche pour faire connaître le mystère de l'Évangile,

20 dont je suis l'ambassadeur enchaîné, afin que je puisse y parler avec assurance, comme je dois le faire.

21 Mais afin que vous connaissiez aussi ce qui me concerne et comment j'agis, Tychique, frère bien-aimé et fidèle ministre dans le Seigneur, vous fera connaître toutes choses :

22 que je vous ai envoyé à cet effet, afin que vous connaissiez notre situation et qu'il réconforte vos coeurs.

23 Paix aux frères et amour dans la foi, de la part de DIEU le Père et du Seigneur Jésus-Christ.

24 Que la grâce soit avec tous ceux qui aiment notre Seigneur Jésus-Christ d'un amour incorruptible.

L'ÉPÎTRE DE PAUL AUX COLOSSIENS

TEL QUE TRANSCRIT PAR MARCION

Les Colossiens sont eux aussi des Asiatiques, tout comme les Laodicéens. Ils ont été atteints par des pseudo-apôtres, et l'apôtre lui-même ne s'est pas approché d'eux, mais il les a corrigés par une épître. En effet, ils avaient entendu la parole d'Archippe, qui avait aussi accepté le ministère auprès d'eux. L'apôtre, déjà arrêté, leur écrit donc d'Éphèse.

CHAPITRE UN

1   Paul, apôtre du Christ Jésus par la volonté de DIEU, et Timothée, notre frère,

2   Aux saints et aux fidèles frères en Christ qui sont à Colosses : Que la grâce et la paix vous soient accordées de la part de DIEU notre Père.

3   Nous rendons grâce à DIEU, le Père de notre Seigneur Jésus-Christ, en priant toujours pour vous,

4   ayant entendu parler de votre foi en Jésus-Christ et de l'amour que vous avez pour tous les saints,

5   à cause de l'espérance qui vous est réservée dans les cieux, et que vous avez déjà entendue par la parole de la vérité de l'Évangile,

6   qui vous est parvenue, comme elle porte du fruit et s'accroît dans le monde entier, ainsi qu'elle l'a fait en vous, depuis le jour où vous avez entendu et compris la grâce de DIEU dans sa vérité ;

7   comme vous l'avez appris d'Épaphras, notre bien-aimé compagnon de service, qui est pour nous un fidèle ministre du Christ,

8   qui nous a aussi déclaré ton amour dans l'esprit.

9   C'est pourquoi, depuis le jour où nous l'avons appris, nous ne cessons de prier et de demander pour vous que vous soyez rempli de la connaissance de sa volonté en toute sagesse et intelligence spirituelle,

10 à marcher d'une manière digne du Seigneur, en lui plaisant à tous égards, en portant du fruit en toute bonne œuvre et en croissant dans la connaissance de Dieu ;

11 fortifiés par toute puissance, selon la force de sa gloire, en vue de toute patience et de toute longanimité avec joie ;

12 en rendant grâce au Père, qui nous a rendus capables d'avoir part à l'héritage des saints dans la lumière ;

13 qui nous a délivrés du royaume des ténèbres et nous a transportés dans le royaume du fils de son amour ;

14 en qui nous avons notre rédemption, le pardon de nos péchés :

15 qui est l'image du DIEU invisible. Il est apparu avant toute création ;

16 qu'il s'agisse de trônes, de dominations, de puissances ou de souverains spirituels ;

17 il est avant tout cela.

18 Il est la tête du corps, de l'Église, qui est le commencement, le premier-né d'entre les morts, afin d'avoir en tout la prééminence.

19 Car c'est en lui que toute la plénitude a voulu habiter ;

20 et de réconcilier tout le monde par lui, ayant fait la paix par le sang de sa croix ;

21 Et vous, qui étiez autrefois étrangers et ennemis dans votre esprit par des œuvres mauvaises,

22 mais il vous a maintenant réconciliés dans son corps par la mort, pour vous présenter devant lui saints, irréprochables et sans tache :

23 si vous demeurez dans la foi, fermes et inébranlables, sans vous détourner de l'espérance de l'Évangile que vous avez entendu et qui a été prêché dans toute la création sous le ciel, et dont moi, Paul, j'ai été fait ministre.

24 Or, je me réjouis de mes souffrances à cause de vous, ce qui comble ce qui manque aux souffrances du Christ dans sa chair, à cause de son corps, qui est l'Église ;

25 dont j'ai été fait ministre, selon la dispensation de Dieu qui m'a été donnée à votre égard, pour compléter le canon de la parole de Dieu,

26 le mystère caché depuis les siècles et les générations ; mais il a été manifesté maintenant à ses saints,

27 à qui DIEU a voulu faire connaître la richesse de la gloire de ce mystère parmi les païens, qui est le Christ en vous, l'espérance de la gloire :

28 que nous annonçons, exhortant tout le monde et enseignant tout le monde en toute sagesse, afin de rendre tous les hommes parfaits en Christ ;

29 C'est pour cela que je travaille, en m'efforçant d'accomplir son oeuvre, qui agit puissamment en moi.

CHAPITRE DEUX

1 Car je veux que vous sachiez combien je souffre pour vous, pour ceux de Laodicée, et pour tous ceux qui n'ont pas vu mon visage en chair et en os ;

2 afin que leurs cœurs soient réconfortés, étant donné qu'ils ont été unis par l'amour, et jusqu'à la plénitude de l'intelligence, pour qu'ils connaissent le mystère de DIEU, le Christ,

3 en qui sont cachés tous les trésors de la sagesse et de la connaissance.

4 Je dis cela afin que personne ne puisse vous tromper par des discours persuasifs.

5 Car si je suis absent en chair, je suis avec vous en esprit, me réjouissant de voir votre ordre et la fermeté de votre foi en Christ.

6 Comme vous avez reçu le Christ Jésus, le Seigneur, marchez en lui,

7 enracinés et édifiés en lui, affermis dans votre foi, comme on vous l'a enseigné, et abondant en actions de grâces.

8 Prenez garde qu'il n'y ait quelqu'un qui vous séduise par des paroles subtiles, par la philosophie, par de vains discours. la tromperie, selon la tradition des hommes et les rudiments du monde, et non selon Christ :

9 car en lui habite toute la plénitude de la divinité sous une forme corporelle,

10 et c'est en lui que vous êtes complets, lui qui est le chef de toutes les puissances et de tous les souverains spirituels :

11 en qui vous avez été circoncis d'une circoncision qui n'a pas été faite de main d'homme, en vous dépouillant de tout le corps de la chair, dans la circoncision du Christ ;

12 ayant été ensevelis avec lui par le baptême, vous êtes ressuscités avec lui par la foi en l'action de Dieu, qui l'a ressuscité d'entre les morts.

13 Et vous, qui étiez morts par vos offenses et par l'incirconcision de votre chair, il vous a fait revivre avec le Christ, en nous pardonnant nos offenses ;

14 Il a effacé les liens inscrits dans les ordonnances qui nous étaient contraires, et il les a écartés du chemin en les clouant à la croix ;

15 Après avoir dépouillé les puissances et les souverains spirituels, il les a exhibés ouvertement, en triomphant d'eux.

16 Que personne ne vous juge donc sur la viande, sur la boisson, sur le jour saint, sur la nouvelle lune, ou sur le sabbat,

17 qui sont des ombres des choses à venir. Mais maintenant, le corps est celui du Christ.

18 Que personne ne vous prive de votre prix par une ascèse volontaire et un culte des anges, en présumant de ce qu'il n'a pas vu, vainement enflé par son esprit charnel,

19 sans tenir la tête, dont tout le corps, pourvu et uni par les jointures et les liens, s'accroît de l'accroissement de Dieu.

20 Si vous êtes morts avec le Christ aux rudiments de ce système mondain, pourquoi, comme si vous viviez dans le monde, vous soumettez-vous à des ordonnances ?

21 Ne pas manipuler, ne pas toucher, ne pas goûter,

22 toutes choses qui doivent périr avec l'usage, suivant les commandements et les doctrines des hommes.

23 Ces choses ont certes une apparence de sagesse dans la religion qu'on se donne, dans l'ascétisme et dans la sévérité envers le corps, mais elles n'ont aucune valeur en tant que remède à l'assouvissement sensuel de la chair.

CHAPITRE TROIS

1 Si donc vous êtes ressuscités avec le Christ, recherchez les choses d'en haut, où le Christ est assis à la droite de Dieu.

2 Fixez votre esprit sur les choses d'en haut, et non sur celles qui sont sur la terre.

3 Car vous êtes morts, et votre vie est cachée avec le Christ en Dieu.

4 Lorsque le Christ, qui est notre vie, sera manifesté, alors vous aussi, avec lui, vous serez manifestés dans la gloire.

5 Faites donc mourir vos membres qui sont sur la terre : l'impudicité, l'impureté, les passions, les mauvais désirs, et la cupidité, qui est une idolâtrie ;

6 C'est à cause de cela que la colère de Dieu s'abat sur les enfants de ceux qui s'opposent obstinément à la volonté divine :

7 dans laquelle vous avez marché autrefois, lorsque vous viviez dans ces choses ;

8 mais maintenant, chassez de votre bouche la colère, l'emportement, la malice, les injures et les paroles déshonorantes :

9 Ne mentez pas les uns aux autres, puisque vous vous êtes débarrassés du vieil homme et de ses oeuvres,

10 et de revêtir le nouveau, qui se renouvelle dans la connaissance, à l'image de celui qui l'a créé :

11 où il n'y a ni Grec ni Juif, ni circoncision ni incirconcision, ni barbare ni Scythe, ni esclave ni homme libre, mais où le Christ est tout et en tout.

12 Revêtez-vous donc, comme des élus de Dieu, saints et bien-aimés, d'un cœur plein de compassion, de bonté, d'humilité, de douceur, de longanimité ;

13 en vous supportant les uns les autres et en vous pardonnant mutuellement, si quelqu'un a quelque chose à se reprocher ; comme le Seigneur vous a pardonné, faites de même :

14 Et par-dessus tout cela, revêtez-vous de l'amour, qui est le lien de la perfection.

15 Que la paix du Christ, à laquelle vous avez été appelés en un seul corps, règne dans vos cœurs, et soyez reconnaissants.

16 Que la parole du Christ habite en vous en abondance, en toute sagesse, vous enseignant et vous exhortant les uns les autres par des psaumes, des hymnes et des cantiques spirituels, chantant à Dieu avec grâce dans vos coeurs.

17 Et quoi que vous fassiez, en paroles ou en actes, faites tout au nom du Seigneur Jésus, en rendant par lui des actions de grâces à DIEU le Père.

18 Femmes, soyez soumises à vos maris, comme il convient dans le Seigneur.

19 Maris, aimez vos femmes, et ne vous aigrissez pas contre elles.

20 Enfants, obéissez à vos parents en toutes choses, car cela est agréable au Seigneur.

21 Pères, ne provoquez pas vos enfants, afin qu'ils ne se découragent pas.

22 Serviteurs, obéissez en toutes choses à ceux qui sont vos maîtres selon la chair, et non à ceux qui vous font plaisir,

23 mais dans la simplicité du coeur, dans la crainte du Seigneur. Tout ce que vous faites, faites-le de bon coeur, comme pour le Seigneur, et non pour les hommes ;

24 sachant que vous recevrez du Seigneur la récompense de l'héritage : vous servez le Seigneur Christ.

25 Car celui qui fait le mal doit recevoir en retour le mal qu'il a fait ; et il n'y a pas d'acception de personnes.

CHAPITRE QUATRE

1 Maîtres, rendez à vos serviteurs ce qui est juste et égal, sachant que vous avez aussi un maître dans les cieux.

2 Poursuivez avec constance la prière, en y veillant avec action de grâces ;

3 priant aussi pour nous, afin que Dieu nous ouvre une porte pour la parole, afin d'annoncer le mystère du Christ, pour lequel je suis aussi dans les liens ;

4 afin que je le manifeste, comme je dois le dire.

5 Marchez avec sagesse envers les étrangers, en rachetant le temps.

6 Que votre discours soit toujours empreint de grâce et assaisonné de sel, afin que vous sachiez comment vous devez répondre à chacun.

7 Tychique, frère bien-aimé, ministre fidèle et compagnon de service dans le Seigneur, vous fera connaître toutes mes affaires :

8 que je vous ai envoyé à cet effet, afin que vous connaissiez notre situation et qu'il réconforte vos coeurs ;

9 avec Onésime, le frère fidèle et bien-aimé qui est l'un de vous. Ils vous feront connaître tout ce qui se fait ici.

10 Aristarque, mon compagnon de captivité, vous salue, ainsi que Marc, le cousin de Barnabé, au sujet duquel vous avez reçu des ordres ; s'il vient à vous, recevez-le,

11 et Jésus, que nous appelons Justus, ceux-là seuls, parmi les circoncis, sont mes compagnons d'oeuvre pour le royaume de Dieu, des hommes qui m'ont été d'un grand secours.

12 Epaphras, qui est l'un de vous, serviteur du Christ Jésus, vous envoie sa salutation, s'efforçant toujours de prier pour vous, afin que vous soyez parfaits et pleinement assurés dans toute la volonté de Dieu.

13 Car je lui rends témoignage qu'il a beaucoup travaillé pour vous, pour ceux de Laodicée et pour ceux d'Hiérapolis.

14 Luc, le médecin bien-aimé, et Démas te saluent.

15 Saluez les frères qui sont à Laodicée et à Nymphas, et l'Église qui est dans leur maison.

16 Quand cette épître aura été lue parmi vous, faites qu'elle soit lue aussi dans l'Église des Laodicéens, et que vous lisiez aussi l'épître de Laodicée.

17 Dis à Archippe : Prends garde au ministère que tu as reçu du Seigneur, afin de l'accomplir.

18 Le salut de moi Paul de ma propre main. Souvenez-vous de mes liens. Que la grâce soit avec vous.

L'ÉPÎTRE DE PAUL AUX PHILIPPIENS

TEL QUE TRANSCRIT PAR MARCION

Les Philippiens sont des Macédoniens. Ils ont persévéré dans la foi après l'acceptation de la parole de vérité et n'ont pas reçu de faux apôtres. L'apôtre les loue en leur écrivant de Rome, de la prison, par l'intermédiaire d'Epaphrodite.

CHAPITRE UN

1 Paul et Timothée, serviteurs du Christ Jésus, à tous les saints du Christ Jésus qui sont à Philippes, avec les évêques et les diacres :

2 La grâce et la paix de DIEU notre Père et du Seigneur Jésus-Christ.

3 Je remercie DIEU chaque fois que je me souviens de toi,

4 en suppliant toujours avec joie, en toute prière pour vous tous ;

5   pour votre collaboration à l'avancement de l'Évangile depuis le premier jour jusqu'à aujourd'hui ;

6   ayant l'assurance que celui qui a commencé en vous une bonne oeuvre l'achèvera au jour de Jésus-Christ :

7   Il est juste que j'éprouve ces sentiments à votre égard, car je vous porte dans mon cœur, puisque vous avez tous part à la grâce, tant dans mes liens que dans la défense et la confirmation de l'Évangile.

8   Car Dieu m'est témoin que je vous désire tous dans les compassions du Christ Jésus.

9   Je prie pour que votre amour croisse de plus en plus en connaissance et en discernement ;

10   afin que vous approuviez ce qui est bon, que vous soyez sincères et sans reproche jusqu'au jour du Christ ;

11   ayant été remplis des fruits de la justice par Jésus-Christ, pour la gloire et la louange de DIEU.

12   Je voudrais que vous sachiez, mes frères, que les choses qui me sont arrivées ont plutôt contribué au progrès de l'Évangile ;

13   de sorte que mes liens se sont manifestés dans le Christ à toute la garde prétorienne et à tous les autres ;

14   que la plupart des frères dans le Seigneur, mis en confiance par mes liens, n'ont plus peur de parler de la parole.

15 Certains, en effet, prêchent le Christ par envie et par querelle, et d'autres encore pour la bonne réputation de la parole :

16 les seconds le font par amour, sachant que je suis prêt pour la défense de l'évangile ;

17 mais les premiers proclament le Christ par contestation, sans sincérité, pensant être mon rival dans mes liens.

18 Qu'en est-il alors ? Simplement que de toutes les manières, que ce soit en apparence ou en vérité, le Christ est proclamé ; et en cela, je me réjouis et je me réjouirai.

19 Car je sais que cela tournera à mon salut, grâce à vos prières et à l'apport de l'esprit de Jésus-Christ,

20 conformément à mon attente et à mon espérance les plus sincères : je ne rougirai de rien, mais le Christ sera magnifié dans mon corps, par la vie ou par la mort, en toute hardiesse, comme il l'a toujours été et comme il l'est encore aujourd'hui.

21 Pour moi, vivre en Christ et mourir, c'est la joie.

22 Mais si vivre dans la chair doit porter le fruit de mon travail, alors je ne sais pas lequel choisir.

23 Je suis poussé dans deux directions, ayant le désir de partir et d'être avec le Christ, car c'est bien mieux pour moi :

24 mais il est plus nécessaire de demeurer dans la chair à cause de vous.

25 Ayant cette confiance, je sais que je resterai et demeurerai avec vous, pour votre progrès et votre joie dans la foi ;

26 afin que votre confiance en Jésus-Christ s'accroisse en moi par ma présence renouvelée auprès de vous.

27 Soyez seulement des citoyens qui se conduisent d'une manière digne de l'Évangile du Christ, afin que, soit que je vienne vous voir, soit que je reste absent, j'apprenne votre état, et que vous restiez fermes dans un même esprit, d'un même élan, pour la foi de l'Évangile.

28 Ne vous laissez pas effrayer par vos adversaires, ce qui est pour eux un signe évident de destruction ; mais pour vous, c'est le salut, et cela de la part de Dieu.

29 Car il vous a été gracieusement accordé, à cause du Christ, non seulement de croire en lui, mais aussi de souffrir pour lui :

30 en ayant le même conflit que vous avez vu en moi, et que vous entendez maintenant être en moi.

CHAPITRE DEUX

1 S'il y a donc quelque encouragement en Christ, quelque consolation de l'amour, quelque communion d'esprit, quelque tendresse et quelque compassion,

2 que ma joie soit comblée par le fait que vous ayez les mêmes dispositions, que vous ayez le même amour, que vous soyez d'un même accord, d'une même disposition ;

3   ne faisant rien par querelle ni par vaine gloire, mais s'estimant l'un l'autre, en toute humilité, meilleur que soi-même ;

4   ne s'occupant de rien en propre, mais chacun d'entre vous de celui des autres.

5   Ayez en vous la même disposition d'esprit qu'en Jésus-Christ :

6   qui, étant intrinsèquement sous la forme d'un dieu, considérait que le fait d'être égal à dieu n'était pas une chose à laquelle il fallait s'attacher,

7   mais il s'est dépouillé lui-même, en prenant la forme d'un esclave, et il a été rendu semblable aux êtres humains ;

8   et, ayant été trouvé semblable aux hommes, il s'est rendu obéissant jusqu'à la mort, et même jusqu'à la mort de la croix.

9   C'est pourquoi Dieu l'a souverainement élevé et lui a donné le nom suprême qui est au-dessus de tout nom ;

10 Qu'au nom de «Jésus» tout genou fléchisse : tous ceux qui sont dans les cieux, tous ceux qui sont sur la terre et tous ceux qui sont sous la terre,

11 Et toute langue confessera que Jésus-Christ est Seigneur, à la gloire de DIEU le Père.

12 Ainsi donc, mes bien-aimés, comme vous avez toujours obéi, non seulement en ma présence, mais bien plus encore en mon absence, accomplissez avec crainte et tremblement le salut qui vous est propre ;

13 Car c'est Dieu qui agit par vous, tant en voulant qu'en agissant, pour son bon plaisir.

14 Faites toutes choses sans murmure ni questionnement :

15 Afin que vous deveniez irréprochables et inoffensifs, des enfants de Dieu sans tache au milieu d'une génération perverse et tortueuse, parmi laquelle vous êtes considérés comme des lumières dans le monde,

16 En annonçant la parole de vie, afin que j'aie de quoi me glorifier au jour du Christ, parce que je n'ai pas couru en vain, ni travaillé en vain.

17 Mais même si je me répands sur le sacrifice et le service de votre foi, je me réjouis, et je me réjouis avec vous tous :

18 De même, vous vous réjouissez et vous vous réjouissez avec moi.

19 Mais j'espère que le Seigneur Jésus vous enverra bientôt Timothée, afin que je sois encouragé, moi aussi, lorsque je connaîtrai votre situation.

20 Car je n'ai personne qui me ressemble et qui se préoccupe vraiment de votre bien-être.

21 Car tous cherchent leur propre intérêt, et non celui de Jésus-Christ.

22 Mais vous en connaissez la preuve : comme un enfant sert son père, il a servi avec moi pour l'avancement de l'Évangile.

23 J'espère donc l'envoyer tout de suite, dès que j'aurai vu comment il se comportera avec moi :

24 Mais j'ai confiance dans le Seigneur : moi aussi, je viendrai bientôt.

25 Mais j'ai jugé nécessaire de vous envoyer Epaphrodite, mon frère, mon compagnon de travail et mon compagnon d'armes, votre messager et le ministre de mes besoins ;

26 Car il vous désirait tous, et il était très inquiet, parce que vous aviez appris qu'il était malade :

27 Dieu a eu pitié de lui, et non seulement de lui, mais aussi de moi, afin que je n'aie pas tristesse sur tristesse.

28 Je l'ai donc envoyé avec plus d'insistance, afin que, lorsque vous le reverrez, vous vous réjouissiez, et que je sois d'autant moins affligée.

29 Accueillez-le donc dans le Seigneur avec joie, et honorez-le :

30 Parce que, pour l'œuvre du Christ, il a frôlé la mort, risquant sa vie pour combler ce qui manquait dans votre service à mon égard.

CHAPITRE TROIS

1 Pour le reste, mes frères, réjouissez-vous dans le Seigneur. Vous écrirez les mêmes choses, pour moi ce n'est pas un problème, mais pour vous c'est une garantie.

2   Méfiez-vous des maudits, méfiez-vous des mauvais ouvriers, méfiez-vous de ceux qui mutilent avec la circoncision :

3   Car c'est nous qui coupons les passions, qui offrons à Dieu un service spirituel, et qui nous glorifions en Jésus-Christ au lieu de nous confier à la chair :

4   Même si j'ai de l'assurance dans la chair :

5   Circoncis le huitième jour, de la race d'Israël, de la tribu de Benjamin, Hébreu d'entre les Hébreux, pharisien ;

6   Mais ce que je considérais autrefois comme un gain est pour moi une perte.

7   Et je ne les compte que comme de la merde pour l'excellence de la connaissance du Christ,

8   N'ayant pas ma propre justice, celle de la loi, mais celle qui vient de lui, la justice de Dieu :

9   Afin que je le connaisse, ainsi que la puissance de sa résurrection et la communion de ses souffrances, en devenant conforme à sa mort ;

10   Si d'une manière ou d'une autre je peux parvenir à la résurrection d'entre les morts.

11   Non pas que j'aie déjà obtenu ou que je sois déjà parvenu à la perfection, mais je poursuis et je cherche à conserver ce que je conserve déjà par le Christ Jésus.

12 Frères, je ne me considère pas encore comme saisi ; mais je fais une chose : j'oublie ce qui est en arrière, et je tends les bras vers ce qui est en avant,

13 Je poursuis ma route vers le but, pour obtenir le prix de l'appel élevé de Dieu dans le Christ Jésus.

14 C'est pourquoi, nous tous qui sommes parfaits, nous devons avoir cet esprit ; et si vous avez un autre esprit en quelque chose, Dieu vous le révélera :

15 Seulement, à ce que nous avons atteint, par cette même règle, marchons.

16 Frères, soyez ensemble mes imitateurs, et remarquez ceux qui marchent ainsi, comme vous avez notre exemple.

17 Car beaucoup marchent, dont je vous ai souvent parlé, et dont je vous dis maintenant en pleurant, qu'ils sont les ennemis de la croix du Christ :

18 Dont la fin est la ruine, dont le dieu est le ventre, et dont la gloire est dans leur honte, qui s'occupent des choses terrestres.

19 Car notre citoyenneté est dans les cieux, d'où nous attendons aussi un sauveur, le Seigneur Jésus-Christ :

20 Qui transfigurera notre humble corps pour le rendre semblable à son corps glorieux, selon l'opération par laquelle il peut même se soumettre toutes choses.

CHAPITRE QUATRE

1   C'est pourquoi, mes frères bien-aimés et désirés, ma joie et ma couronne, tenez bon dans le Seigneur, mes bien-aimés.

2   J'exhorte Euodia et j'exhorte Syntyche à avoir les mêmes sentiments dans le Seigneur.

3   Je te demande aussi, ami sincère, d'aider ces femmes, car elles ont travaillé avec moi à l'Évangile, avec Clément aussi, et avec le reste de mes compagnons de travail, dont les noms sont dans le livre de vie.

4   Réjouissez-vous toujours dans le Seigneur : je le répète, réjouissez-vous.

5   Que votre patience soit connue de tous les hommes. Le Seigneur est proche.

6   Ne vous inquiétez de rien, mais faites connaître à Dieu vos demandes en toutes choses par des prières et des supplications, avec des actions de grâces.

7   Et la paix de Dieu, qui surpasse toute intelligence, gardera vos cœurs et vos pensées dans le Christ Jésus.

8   Pour le reste, frères, tout ce qui est vrai, tout ce qui est honorable, tout ce qui est juste, tout ce qui est pur, tout ce qui est aimable, tout ce qui est de bonne réputation, s'il y en a, est vrai. S'il y a quelque vertu, et s'il y a quelque louange, pensez à ces choses.

9   Ce que vous avez appris, reçu, entendu et vu en moi, faites-le ; et le Dieu de paix sera avec vous.

10   Mais je me réjouis beaucoup dans le Seigneur de ce que vous avez enfin ravivé votre pensée pour moi ; vous y avez pensé, mais vous n'en avez pas eu l'occasion.

11   Je ne parle pas de la misère, car j'ai appris, dans quelque état que je sois, à m'en contenter.

12   En tout et en toutes choses, j'ai appris le secret pour être rassasié et pour avoir faim, pour être dans l'abondance et pour être dans le besoin.

13   Je peux tout faire en celui qui me fortifie.

14   Vous avez bien fait d'être en communion avec moi dans ma détresse.

15   Vous savez vous-mêmes, Philippiens, qu'au commencement de l'Évangile, lorsque j'ai quitté la Macédoine, aucune Église n'a été en communion avec moi pour ce qui est de donner et de recevoir, si ce n'est vous seuls ;

16   Car, à Thessalonique même, vous avez envoyé à plusieurs reprises pour répondre à mon besoin.

17   Non pas que je recherche le don, mais je recherche le fruit qui s'accroît à votre compte.

18   Mais moi, j'ai tout, et je suis comblé : Je suis rassasié, ayant reçu d'Épaphrodite ce qui vient de toi, une odeur de bonne odeur, un sacrifice acceptable, bien agréable à Dieu.

19 Et mon Dieu pourvoira à tous vos besoins, selon sa richesse en gloire dans le Christ Jésus.

20 Or, à notre DIEU et Père soit la gloire pour les siècles des siècles. Amen.

21 Saluez tous les saints en Jésus-Christ. Les frères qui sont avec moi vous saluent.

22 Tous les saints te saluent, surtout ceux qui sont de la maison de César.

23 Que la grâce du Seigneur Jésus-Christ soit avec votre esprit.

C'est ici que se termine l'Apostolicon.

RÉFÉRENCE ET ÉTUDE GUIDE

Compilé par A.W. Mitchell, Chancelier

Deux livres. Deux dieux.
Un choix.

Ce n'est pas pour rien que la première bible chrétienne ne contient pas l'Ancien Testament...

L'Ancien Testament dépeint une religion tribale, une divinité et une culture étrangère au christianisme.

Ce texte, ainsi que d'autres écrits d'origine inconnue, a été ajouté à la toute première Bible

par un comité religieux/politique romain après des centaines d'années.* Ce comité, appelé le Conseil de Nicée, a agi en 325 après Jésus-Christ.

ont été l'équivalent théologique d'un graffiti sur un mur, rendant la Toute Première Bible pratiquement méconnaissable par rapport à sa forme originale. Les changements ont été formellement codifiés par le Concile de Rome en 382 après Jésus-Christ.

Qu'il s'agisse d'histoires d'enfants déchiquetés et dévorés vivants par des ours «commandés par Dieu» ou du soleil et de la lune figés sur place pour que chaque personne vivante puisse être abattue plus efficacement lors d'un massacre, il devient très clair que l'Ancien Testament et sa divinité n'ont rien à voir avec le christianisme ou la toute première Bible - en fait, ils en sont à peu près aussi éloignés qu'il est possible de l'être.

Au début...

Au début du christianisme, la connaissance des enseignements et de la vie de Jésus-Christ était transmise oralement et les écritures n'étaient pas facilement accessibles. Cette situation a changé en 144 après J.-C., lorsque toutes les écritures authentiques ont été rassemblées par Marcion de Sinope (85 après J.-C. - 160 après J.-C.), un constructeur naval et fils de l'évêque du Pont. C'est alors que la toute première bible chrétienne a été créée et présentée à l'apôtre Jean.

La toute première Bible

La toute première Bible était composée de L'Évangile du
Seigneur (Evangelion)   et   la   épîtres
                Épîtres   de   Paul (Apostolikon).
L'Apostolikon comprend les épîtres suivantes : Galates, 1er et
2e Corinthiens, Romains, 1er et 2e Thessaloniciens, Laodicée,
Colossiens, Philémon et Philippiens. C'est l'intégralité de la
toute première Bible, telle qu'elle était à l'époque et telle qu'elle
est aujourd'hui. *Elle n'a jamais été modifiée ou altérée de quelque
manière que ce soit et n'a jamais contenu d'»Ancien Testament».*

L'Église chrétienne marcionite

L'Église chrétienne marcionite s'étendait sur tout le monde
connu, devenant plus grande que l'Église catholique et, pendant
des siècles, son fondement, la toute première Bible, a dominé la
culture et la tradition chrétiennes avec des millions d'adeptes.
Les marcionites considéraient que la divinité de l'Ancien Testament était en contradiction directe avec les enseignements
du Christ et cette croyance leur a valu de nombreux ennemis
riches et puissants.

* (Page 238) Preuve que l'inclusion/exclusion du canon a été
décidée au Concile de Nicée : «Saint Jérôme, tout en rejetant
en théorie les livres qu'il n'a pas trouvés dans son manuscrit
hébreu, a pourtant consenti à traduire Judith parce que «le
Synode de Nicée est censé l'avoir considéré comme Écriture
Sainte» (Praef. in Lib.)». - Encyclopédie catholique

S'agit-il du même Dieu ? A vous de juger.

DIEU DE L'ANCIEN TESTAMENT	NOUVEAU TESTAMENT DIEU
...des petits enfants sortirent de la ville, et se moquèrent de lui [Élisée]... et il les maudit au nom de l'Éternel. Deux brebis sortirent du bois, et elles tarirent quarante-deux enfants. (2 Rois 2:23,24)	On lui amena des petits enfants... et ses disciples réprimandèrent ceux qui les amenaient. Mais Jésus ... leur dit : «Laissez venir à moi les petits enfants, et ne les en empêchez pas ; car le royaume de Dieu est pour ceux-là.» (Marc 10:13,14)
Ils consacrèrent la ville au Seigneur et détruisirent par l'épée tout ce qui s'y trouvait, hommes et femmes, jeunes et vieux, bétail, moutons et ânes. Ils brûlèrent toute la ville et tout ce qu'elle contenait, mais ils mirent l'argent et l'or, les objets de bronze et de fer dans le trésor de la maison de l'Éternel (Josué 6:21,24).	Bien-aimés, ne vous vengez pas vous-mêmes, mais laissez libre cours à la colère ; car il est écrit : A moi la vengeance, à moi la rétribution, dit le Seigneur. Si ton ennemi a faim, donne-lui à manger ; s'il a soif, donne-lui à boire ; car, en agissant ainsi, tu amasseras des charbons ardents sur sa tête. Ne te laisse pas vaincre par le mal, mais surmonte le mal par le bien. (Romains 12:19,20,21)
Le Seigneur Yahvé fit pousser du sol tous arbres, y compris l'arbre de la connaissance du bien et du mal. (Gen.2:9 ; 3:1)	Car un arbre corrompu ne produit pas de bons fruits, et un bon arbre ne produit pas de fruits corrompus. (Luc 6:43)
Je forme la lumière et je crée les ténèbres : Je fais la paix et je crée le mal . C'est moi, le Seigneur Yahvé, qui fais toutes ces choses (Isaïe 45:7).	Dieu est lumière, et en lui il n'y a pas de ténèbres (1 Jean 1:5b). Dieu est amour (1 Jean 4:16) ; [l'amour] ne pense pas au mal (1 Corinthiens 13:5d).
Moi, le Seigneur ton Dieu, je suis un Dieu jaloux (Exode 20:5). pour le Seigneur, dont le nom est Jalousie, est un Dieu jaloux (Exode 34:14).	

DIEU DE L'ANCIEN TESTAMENT	NOUVEAU TESTAMENT DIEU
C'est un Dieu jaloux ; il ne pardonnera pas vos transgressions ni vos péchés. Si vous abandonnez l'Éternel, il se tournera vers vous, il vous fera du mal, il vous consumera... (Josué 24:13,14)	L'amour ne connaît pas la jalousie... (1 Corinthiens 13:4)
Car moi, le Seigneur Dieu, je suis un Dieu jaloux, faisant retomber l'iniquité des pères sur la troisième et la quatrième génération de ceux qui me haïssent (Exode 20:5).	Pierre s'approcha de lui, et dit : «Seigneur, combien de fois mon frère péchera-t-il contre moi, et je lui pardonnerai ? Jusqu'à sept fois ?» Jésus lui répondit : «Je ne te dis pas jusqu'à sept fois, mais jusqu'à soixante-dix fois sept fois.» (Matthieu 18:23-22)
Le soleil s'arrêta, et la lune s'arrêta, jusqu'à ce que le peuple eût vengé ses ennemis... car l'Éternel combattait pour Israël. (Josué 10:12-14)	Mettez-vous en colère, sans commettre de péché ; Que le soleil ne se couche pas sur votre colère. (Éphésiens 4:26)
Œil pour œil, dent pour dent, main pour main, pied pour pied... (Exode 21:24)	Et à celui qui te frappe sur la joue, offre aussi l'autre... (Luc 6:29)
Le Seigneur Yahvé appela Adam et lui dit : «Où es-tu ?» (Genèse 3:9).	Dieu ... connaît toutes choses. (Jean 3:20)
Il a jeté sur eux l'ardeur de sa colère, de sa fureur, de son indignation et de sa détresse, en envoyant parmi eux des anges malfaisants (Psaume 78:49).	Dieu est lumière, et en lui il n'y a pas de ténèbres (Jn 1,5b).
Si une femme a un flux, et si le flux de sa chair est du sang, elle sera mise à part pendant sept jours ; quiconque la touchera sera impur jusqu'au soir... Si une femme a un flux de sang, elle sera mise à part pendant sept jours. ... au-delà du moment de sa séparation, ...elle sera impure (Lévitique 15:19,25).	Une femme qui avait une perte de sang depuis douze ans, qui avait dépensé toute sa vie en médecins, et qui ne pouvait être guérie d'aucun d'eux, s'approcha derrière [Jésus], et toucha le bord de son vêtement ; et aussitôt sa perte de sang cessa. (Luc 8:43,44)

DIEU DE L'ANCIEN TESTAMENT	NOUVEAU TESTAMENT DIEU
Selon (Genèse 32), un personnage de l'Ancien Testament nommé Jacob bat Dieu dans un combat de lutte.	Commentaire/comparaison non nécessaire.
Je ferai d'eux un objet d'horreur et de scandale pour tous les royaumes de la terre, une honte, un objet de mépris, de raillerie et de malédiction, partout où je les aurai bannis. J'enverrai contre eux l'épée, la famine et la peste, jusqu'à ce qu'ils aient disparu du pays que je leur ai donné, à eux et à leurs pères. (Jérémie 24:9, 10)	Car Dieu a tant aimé le monde qu'il a donné son Fils unique, afin que quiconque croit en lui ne périsse pas, mais ait la vie éternelle. (Jean 3:16)

ÉVALUER LES DOMMAGES CAUSÉS PAR L'ANCIEN TESTAMENT

L'introduction forcée de l'Ancien Testament dans la première Bible chrétienne n'est rien d'autre qu'un viol théologique - et cela a créé une abomination permanente.

Il est difficile d'exagérer les effets négatifs de cette

L'action a eu un impact sur la chrétienté et sur l'humanité dans son ensemble. S'agissait-il d'un acte politique calculé visant à rassembler des peuples disparates très éloignés sous le contrôle de l'Empire romain ? Ou bien des forces plus sombres et plus sinistres étaient-elles à l'œuvre, avec des objectifs plus vastes et de plus grande portée ?

Ce que nous savons, c'est qu'elle oblige les chrétiens à défendre les paroles et les actes d'un dieu étranger. Ceux qui attaquent le christianisme pointent du doigt les activités ignobles contenues dans l'Ancien Testament et crient : «C'est dans *votre* Bible, c'est *votre* dieu, défendez-le !». Cela met les chrétiens dans une très mauvaise position - une position impossible qui leur a été imposée par un comité politique romain et, plus tard, par le *concile de Rome* lui-même - la position injuste de culpabilité par association dans laquelle ils se trouvent encore aujourd'hui.

En outre, combien de millions de chrétiens potentiels ont lu l'Ancien Testament et, en conséquence directe de leur écœurement, ont rejeté la Bible ET le christianisme dans son ensemble ! Ou même poussés à devenir athées.

Si le plan était d'entraver le christianisme en tant que mouvement et d'éloigner les gens du Christ, l'introduction forcée de l'Ancien Testament dans la première Bible s'est avérée tactiquement brillante.

En bref, la Bible moderne (qui compte aujourd'hui des dizaines de versions, chacune promouvant un programme social et politique différent) est devenue un marasme théologique bipolaire confus d'idéologies conflictuelles, truffé de tentatives subtiles (et pas si subtiles) de faire entrer une cheville carrée dans un trou rond, rendant toute tentative de discerner uniquement les écritures originales presque impossible.

Malheureusement, il ne suffit pas de supprimer l'Ancien Testament. En 382 après J.-C., le Conseil de Rome a ajouté pas moins de 27 livres au Nouveau Testament et a édité de nombreuses épîtres originales de Paul dans une tentative de faire entrer le récit de l'Ancien Testament dans le christianisme - en versant du vin nouveau dans de vieilles outres, en quelque sorte.

PREMIERS COUPS DE FEU TIRÉS PAR CONSTANTIN, CONCILE DE NICÉE

Adorateur du dieu soleil romain, l'empereur Constantin convoque le concile de Nicée en 325 après J.-C.

Le *concile de Nicée* réunissait plus de 300 évêques de l'Empire romain pour mettre fin aux querelles doctrinales (sous peine d'exil) et créer une religion chrétienne unifiée sous les auspices de Rome. Il était présidé par l'empereur Constantin, un adorateur du dieu soleil romain, Sol Invictus (une image de Constantin et de son dieu soleil figure sur les pièces de monnaie ci-dessous, qui étaient en circulation pendant le concile de Nicée).

Les dirigeants de l'Église marcionite, importante et en pleine expansion, n'ont pas été invités au synode ou ont refusé d'y assister.

En 331 après J.-C., six ans après la tenue du concile, Constantin ordonne la publication de cinquante (50) bibles éditées et les érudits religieux confirment qu'elles contiennent l'Ancien Testament*.

En 332, Constantin annonce son édit contre *les hérétiques* et ordonne que toutes les églises et tous les lieux de réunion marcionites soient confisqués par la force et remis à l'Église catholique. Cet édit s'accompagne également d'une Damnatio Memoriae destinée à effacer toute trace de La toute première Bible.

En 382 après J.-C., l'Église catholique convoque le *concile de Rome* et annonce officiellement ce qu'elle a décidé d'inclure dans sa nouvelle bible : 39 livres pour l'Ancien Testament et 27 livres pour le Nouveau Testament, soit un total de 66 livres.

Leur produit final - élaboré après des siècles d'ajouts, de révisions, de comités, de conseils, de groupes de réflexion théologique et d'édition - ne ressemble guère à La toute première Bible.

Cependant, des traces de la confiscation et de l'édition des épîtres grecques originales peuvent encore être trouvées dans les manuscrits conservés à la Bibliothèque du Vatican : https://digi.vatlib.it/mss/detail/214664

LES RACINES DE LA TOUTE PREMIÈRE BIBLE

Au IIe siècle après J.-C., Marcion de Sinope a remarqué les différences évidentes entre la divinité de l'Ancien Testament et notre Dieu chrétien et en a conclu qu'ils n'étaient pas identiques. Plus tard, il a présenté son cas aux autorités ecclésiastiques de l'époque et a été immédiatement excommunié. Le livre s'intitulait «*Antithesis*» et tous les exemplaires connus ont été traqués et détruits au cours des siècles.

Nous connaissons ce livre et certains de ses contenus parce que les autorités religieuses et politiques ont engagé une pléthore d'écrivains et de philosophes pour attaquer et salir Marcion et ceux qui adhéraient à la première et véritable Bible. Mais ils ont commis l'erreur de citer directement l'»*Antithèse*» et, comme leurs livres ont survécu, les écrits de Marcion ont également survécu.

Il est intéressant de noter que tous les auteurs qui ont attaqué Marcion ne l'ont fait qu'après sa mort, lorsqu'il était incapable de répondre à leurs affirmations malveillantes ou de les réfuter. Certains, comme Tertullien dans son livre

«Adversus Marcionem, (Contre Marcion)» paru en 207 après J.-C., sont même allés jusqu'à attaquer l'apôtre Paul, le qualifiant d'»apôtre des hérétiques».

Après s'être brouillé avec les autorités, Marcion a formé une nouvelle église basée sur la Toute première Bible et sur les textes connus de l'Église catholique.

Les écritures originales. Il aurait personnellement rencontré l'apôtre Jean et lui aurait remis un exemplaire de la première bible chrétienne, un exemplaire de l'*Antithèse*, ou les deux, comme le montre cette miniature du Xe siècle provenant des archives de la cathédrale Saint Bravo de Gand. L'inscription indique que Marcion «a apporté des écritures des frères pontiques...».

À partir d'environ 144 après J.-C., l'Église chrétienne Église chrétienne marcionite, avec sa pierre de touche de la La toute première Bible et des millions d'adeptes, s'est répandue dans le monde connu et est devenue plus importante que l'Église catholique.

Cette croissance monumentale s'est poursuivie malgré les persécutions des empereurs romains et une Damnatio Memoriae. L'église a existé jusqu'au Xe siècle, et de nombreux fidèles se sont retrouvés en Syrie et dans le nord-est de la Perse à la fin de son existence.

L'Église chrétienne marcionite est aujourd'hui en cours de reconstruction après un effort coordonné visant à faire disparaître toute trace de ses livres et de ses églises au cours des siècles.

Il n'est pas anodin que toutes les traces de la première bible, voire du marcionisme lui-même, n'aient pas été effacées après des siècles de suppression en raison de la férocité et du nombre d'attaques relatées par ses ennemis. Justin, Irénée, Clément, Tertullien, Hyppolytus, Origène et d'autres encore ont tous dénoncé le marcionisme.

Marcion par écrit - assurer la vérité, et l'histoire de La toute première Bible, perdurerait.

Récemment, une ancienne église marcionite a été découverte en Syrie, avec une inscription datée.

The Is Chrestos of Marcion
Deir Ali (Lebaba), Syria 318/9 CE

Συναγωγη Μαρκιωνιστων κωμ(ης)
Λεβαβων του κ(υριο)υ και σω(τη)ρ(ος) Ιη(σου) Χρηστου
προνοια(ι) Παυλου πρεσβ(υτερου) -- του λχ' ετους.

La plaque est datée de 318 après J.-C. et porte la mention «The Lord and Saviour Jesus, the Good» (Le Bas et Waddington, Inscriptions, n° 2558, vol. iii. p. 583). Elle est plus ancienne que toutes les inscriptions datées appartenant à l'Église catholique.

«Comme nous l'avons déjà dit, je le répète maintenant, si quelqu'un vous annonce un autre Évangile que celui que vous avez reçu, qu'il soit anathème. (Galates 1:6)

RENAISSANCE DE L'ÉGLISE CHRÉTIENNE MARCIONITE

Une reconstruction de l'église découverte en Syrie est en cours en Argentine et des exemplaires de La toute première Bible sont distribués aussi rapidement que les finances le permettent par le biais de notre programme de sensibilisation :

Pre-Nicene.org

Restez en contact avec les nouvelles et les mises à jour de l'église sur TheVeryFirstBible.org et MarcioniteChurch.org.